2014 年北京市高等学校教育教学改革项目
课题名称"职业化"转型背景下的教学体系建设研究
（课题编号 2014-ms252）

职业化转型背景下的
成人高等教育
教学体系研究

崔文杰◎著

吉林人民出版社

图书在版编目(CIP)数据

职业化转型背景下的成人高等教育教学体系研究 /
崔文杰著 . -- 长春 : 吉林人民出版社 , 2022.5
ISBN 978-7-206-19018-6

Ⅰ . ①职… Ⅱ . ①崔… Ⅲ . ①成人高等教育 – 教学研
究 Ⅳ . ① G724.4

中国版本图书馆 CIP 数据核字 (2022) 第 116974 号

职业化转型背景下的成人高等教育教学体系研究
ZHIYE HUA ZHUANXING BEIJING XIA DE CHENGREN GAODENG JIAOYU JIAOXUE TIXI YANJIU

著　　者：崔文杰
责任编辑：李　爽　　　　　　　　　封面设计：吕荣华
吉林人民出版社出版 发行（长春市人民大街 7548 号） 邮政编码：130022
印　　刷：吉林省良原印业有限公司
开　　本：710mm × 1000mm　　　　1/16
印　　张：9.25　　　　　　　　　　字　　数：200 千字
标准书号：ISBN 978-7-206-19018-6
版　　次：2022 年 5 月第 1 版　　　印　　次：2022 年 5 月第 1 次印刷
定　　价：58.00 元

如发现印装质量问题，影响阅读，请与印刷厂联系调换。

前 言

    "职业化转型背景下的成人高等教育教学体系研究"是2014年北京市高等学校教育教学改革项目的研究成果之一。随着我国对技能型、复合型等高素质人才的需求不断增加，高校人才培养结构发生了变革。就成人高等教育而言，以社会需求为导向，注重对学生实践应用能力的训练，构建高层次应用型人才的培养模式，得到了多方面的认可。本书探讨了成人教育领域中"职业化"转型发展之路的背景及理论。同时，在实践中借助于日渐成熟的信息技术，不断探索职业化课程建设以及职业化教学实践，旨在探寻成人高校的可持续发展路径。通过几年的实践探索，笔者与相关研究人员促使成人高校职业化"1+N"模块化课程体系初步形成，转变了成人职业教育教学方式，初步促成了基于成人学习特点的翻转课堂、以学习者为中心的混合式教学体系。

    本书在撰写过程中得到了课题组成员、学校领导以及同行专家、学校同事的大力支持和帮助，在此谨向他们表示衷心的感谢。感谢在课题研究过程中参与翻转课堂实验研究以及混合式教学研究的其他同事。作者水平所限，书中不免存在不足之处，敬请同行和广大读者批评指正。

目　录

第一章　职业化转型背景下的成人高等教育教学体系研究的
　　　　背景 ··· 1

　　第一节　职业化转型背景下的成人高等教育课程体系
　　　　　　研究的当代价值 ································· 3
　　第二节　职业化转型背景下的成人高等教育课程体系
　　　　　　变革需求分析 ································· 14

第二章　职业化转型背景下的成人教育教学体系相关研究 ······ 17
　　第一节　相关概念界定 ································· 19
　　第二节　关于成人教育教学体系的文献研究 ············· 22
　　第三节　成人教育教学体系的理论基础和基本特征 ······ 26
　　第四节　职业化背景下课程教学体系的构建与运行
　　　　　　机制 ································· 33
　　第五节　成人教育教学体系的实践探索 ················· 42

第三章　职业化转型背景下的成人高等教育课程体系的
　　　　构建与实施 ································· 49
　　第一节　课程体系构建的思路 ··················· 51

第二节 职业化转型背景下的成人高等教育"1+N"
课程体系的实践探索 ……………… 60

第三节 基于"融通"理念的成人高等教育模块化
教育策略 ……………… 72

第四节 职业化转型背景下的成人高等教育教师
队伍建设 ……………… 86

第四章 职业化转型背景下的成人职业教育教学方式变革 …… 97

第一节 基于成人学习特点的翻转课堂 …………… 99

第二节 基于学习者中心与信息技术的混合式教学 …… 119

参考文献 ……………… 135

第一章 职业化转型背景下的成人高等教育教学体系研究的背景

第一节　职业化转型背景下的成人高等教育课程体系研究的当代价值

如何在职业化转型背景下转变办学模式，培养出满足当前社会结构调整、产业转型升级所需的人才，是目前成人高校亟待探索的重要课题。课程体系作为办学体系中的核心因素，影响着成人高等教育变革和发展的进程。因此，对其构建的研究有着重要的意义。

随着社会的发展，成人高等教育课程体系进行职业化转型过程中受到了内外部因素的驱动，既包括相关教育政策及社会变革带来新需求压力，也包括高等教育多元化发展带来的竞争压力。在这一背景下，成人高等教育课程体系要向"职业技能＋职业素养＋高适应性"人才培养目标转型，从传统教学模式向职业化教学体系转型，从学历教育办学向产教融合、校企合作方向转型。为适应这一变革，在成人高等教育教学战略选择上要做好教育观念、教育结构、人才培养模式等多方面的转变。

一、成人高等教育教学向职业化转型的驱动因素

（一）高等教育多元化发展的竞争压力

在高等教育改革的背景下，普通高校扩招、民办高校如雨后春笋般发展，同时网络教育、在线学习等其他学习形式也蓬勃发展。这些新型高等教育形式的出现在某种程度上满足了人们日益增长的学习诉求，但也分流了大部分原属于成人高等教育的生源，成为成人高等教育发展强有力的竞争对手。

可以说，目前我国高等教育的新格局给成人高等教育的发展带来了竞争压力与挑战，如果仍然延续以往的教育模式及机制，成人高等教育的生存空间将会被缩小，很难在高等学历教育及非学历教育等方面的激烈竞争中取得优势，这就要求我国成人高等教育必须在办学机制、课程体系、师资发展等方面进行转型。[①]

（二）国家政策调整带来的推动力量

近年来，国家出台的一系列文件对成人教育政策进行了部分调整。

一方面，强调调整教育结构，加强统筹，整合现有的资源。比如，2017 年 2 月教育部下发了《教育部关于"十三五"时期高等学校设置工作的意见》，文件指出："各地要系统梳理区域内独立设置举办成人高等学历教育高等学校的基本情况，区分不同情况分门别类地逐步加以调整优化。对于停招多年、已经没有在校生的，须商主管部门制定工作方案，在确保平稳前提

---

① 马延霞. 我国成人高等教育转型的驱动因素及取向研究 [J]. 中国成人教育，2013（9）：13-15.

下逐步撤销。对于个别科类特殊、在当地高等教育资源的结构布局中具有重要的补充和完善作用的，可单独改制为普通高等学校特别是高等职业学校。对于开展学历教育条件不足，在开展非学历教育又有一定基础的，可根据当地需求和自身特色转为非学历继续教育机构。支持有条件的广播电视大学，按照开放大学办学模式和要求进行建设和改革试点，服务终身教育体系和学习型社会建设。"

另一方面，针对民办教育、职业教育等新型高等教育模式出台了一系列政策，鼓励其发展，同时职业教育体制机制被纳入了新的规划中。2014 年 5 月，国务院引发了《国务院关于加快发展现代职业教育的决定》（国发〔2014〕19 号），明确了今后一个时期加快发展现代职业教育的指导思想、基本原则和目标任务，提出"到 2020 年，形成适应发展需求、产教深度融合、中职高职衔接、职业教育与普通教育相互沟通，体现终身教育理念，具有中国特色、世界水平的现代职业教育体系"。这些政策在支持职业教育等方式的同时也给成人高等教育的发展提出了一个新的课题，即面对新局面、新政策，如何变压力为动力，推动自身转型。

（三）社会转型为成人高等教育带来的机遇与挑战

目前我国正处于社会转型时期，思想观念及社会结构等都已发生重大变化，这种改变给成人高等教育的发展带来了压力和挑战，但也为其转型提供了有利契机。

首先，从产业结构的变化来看，随着科学技术的快速发展，信息化社会和知识经济的到来，经济产业结构也在进行变革和调整。当前社会新行业、新职业、新岗位不断产生，社会对从业人员知识、技能等方面提出了更新、更高的要求，从"注重学历文凭"向"职业技能与学历并重"再到"职业技能＋职业素养＋高适应性"转变。

其次，从知识体系变化来看，新技术、新知识、新产品层出不穷，更新极快，这就使人们必须建立终身学习理念，不断提高自身技能、职业技能才能紧跟社会的发展而不被淘汰。同时，"建设全民学习、终身学习的学习型社会"发展目标的提出及职业资格证书制度的实施为成人高等教育转型提供了未来发展方向。数字化、信息化、网络化、多媒体等现代信息技术的广泛应用也为改变成人高等教育教学模式及人们学习方式提供了有利的技术支持。①

（四）学生个人发展需求的推动作用

产业结构的变化必然引起行业的变动，继而引起职业和岗位的变化，旧的职业逐渐消失，新的职业不断增加，就业结构发生变化，职业流动加快，岗位变动频繁。

在这种时代趋势下，学生来校学习不再只是追求一纸文凭或是为获得某个职业岗位所需要的职业素养或技能，更多的是为提高自身的职业适应能力，掌握不同职业发展所需的知识，提高自身不断变化的岗位发展职业适应能力及谋求岗位发展的创新能力。学生个人发展的需求也迫使当前成人高等教育的课程及教学内容的转型。

---

① 马延霞. 我国成人高等教育转型的驱动因素及取向研究[J]. 中国成人教育，2013（9）：13-15.

二、独立设置成人高校职业化转型内涵及特征

（一）职业化转型内涵

转型指事物的结构形态、运行方式和人的观念等方面的转变过程。学校转型发展是指学校由转型而引起不断扩展和提升的动态变化过程，具体成人高等教育发展指从观念到形式、从外延到内涵诸多方面的深刻变化，包括转变发展方式、优化办学结构、增强创新能力、充分发挥其功能、谋取更大作为等。

自 2014 年《国务院关于加快发展现代职业教育的决定》以及《关于改革和发展成人教育的决定》颁布，我国成人高等教育开始了向岗位培训和继续教育为重点的转变，职业化倾向明显，政府大力提倡，学校纷纷转轨，学生以求职为主要目的，职业化成为整个成人高等教育转型的基本特征。

具体来讲，办学定位上由过去以学历教育为主向满足市民终身学习需求转型；人才培养模式上由过去"单纯注重学历文凭"向培养"职业技能＋职业素养＋高适应性"人才转型；教学体系上向着职业化教学体系转型；办学模式上向产教融合、校企合作的方向改变。

（二）职业化转型的特征

学校职业化转型的内涵决定了职业化转型的四个特征，即职业性、服务性、多元开放、信息化。职业化要求在办学上服务区域内的政府、企业、中小学、社区，满足市民的终身学习的需求，体现了职业化转型的服务性特点；在人才培养上要求以高素质应用型人才为目标，突出学生的岗位能力，满足学生的岗位需求，体现了职业化转型的职业性特点；在办学模式上

要求满足不同层次学生的需要，多种教育形式并存，体现了职业化转型的多元开放特点；在办学方式方法上要求利用信息技术满足学生方便、灵活、个性化的学习需求。

1. 职业性

职业性是职业化转型的本质属性。职业性是指在人才培养目标定位、教学、课程设置等方面增强岗位的应用。通过对学生职业化程度的分析可知，成人学生在职业素养、职业知识、职业技能方面与岗位需求存在较大的差距。大部分学生具备一定程度的职业素养，但需要进一步地规范和强化。职业化转型强调与岗位紧密相连的职业性，突出学习内容的实用性和应用性。

2. 服务性

服务性是指独立设置成人高校向成人学生提供丰富的、多样化的服务。服务性主要体现在教学方式和管理方式等方面，包括为成人学生提供管理、人力、智力、资源、信息、文化等全方位的支持和指导。教学安排以及管理形式应向教学服务和支持服务转化。服务对象不仅局限于成人学生，还应扩大到区域内的行业、企业、政府、中小学等单位，从而推动区域经济发展。提供全方位的服务是以"人"的职业发展为逻辑，为其提供开放的、阶段式、延续性的职业化教育服务，走以"成人—成才—成功"为使命的具有成人教育特色的职业化转型之路。

3. 多元开放性

多元开放性是指改变特定历史时期的学历补偿教育，不断扩大适应性，开办多种类型的教育、培训，如，终身教育、老年教育、各种职业技能培训、岗位能力培训等，满足不同层次学生的需要。注重多元开放的办学模式与培养模式，如，变单一办学为合作办学、产教融合、校企合作、学历教育与非学历教育融合等形式，积极吸收高等院校、职业院校、企业行业、政府、社区等参与，探索体现多元开放的教学内容与方法。学校探索多元开放的职业化教育模式，要使专业课程模块化，满足学生多元需求；使教学方法多样化，激发成人学生发挥自主学习潜力，实现灵活学习的需求；使服务方式人性化，满足个性化需求，为学生便捷高效的学习提供支持。

4.信息化

随着信息技术的迅猛发展以及信息技术在教学上的运用，信息技术与教学的融合已经成为现代教学体系的一个典型特征。职业化转型必然要紧紧地抓住信息技术这一服务载体，通过多种信息技术手段满足学生方便、灵活、个性化的学习需求。比如，开发网上教学平台为成人学生提供多种学习资源、运用信息技术模拟职业实训以促进学生实践等，同时为满足学历教育、非学历教育、社区教育的教育需求，积极构建服务职业化教学的信息化公共支撑环境。

三、职业化转型背景下成人高等教育教学的战略选择

成人高等教育在职业化转型的背景下，也需进行教育观念、教育结构、人才培养模式等多方面的转变，才能适应社会变革，从自身来说获得更大的生存发展空间；从社会需求来说培

养更多高层次、复合型、应用型人才。①

（一）教育理念的转变

面对新的历史机遇，成人高等教育同样需要摒弃原有的思想、观念，以多元、开放、创新、职业化的新观念去发展具有特色的成人高等教育。

1. 多元

成人高等教育需适应学习主体多样化和学习需求多样化趋势，为不同学习主体提供不同层次、不同形式和不同类型的教育服务，满足学习主体的学习需求。成人高等教育还要举办适合大众需求的多类型、多层次、多结构的成人教育教学活动，形成多样化的人才培养模式。

2. 开放

成人高等教育需开放成人教育市场，依靠行业、企业、事业单位等社会各界联合办学，引进国内外优质教育资源，实现由传统封闭单一型办学体制向开放式多元化的办学体制转变。成人高等教育与改革开放和市场经济相适应，加强横向、纵向沟通与合作，通过校际合作、校企合作、学校与社区合作等方式进行资源整合。

3. 创新

学校的改革与发展需要其在各个方面进行创新，包括知识创新、技术创新和体制创新等。在教育教学过程中学校也需要

---

① 余小波. 中国成人高等教育转型研究 [M]. 长沙：湖南大学出版社，2010：5.

培养学年的发散性思维、批判性思维和创造性思维，培养具备创新能力的人才，同时创新人才培养理念和人才培养方式，创新办学模式，创新学校服务模式，创新教育评价模式等。

4. 职业化

职业化是指通过学习和培训，对学生或从业者进行职业认知、职业探索、职业定向、职业选择、职业生涯规划与职业实现（就业）等方面的教育与指导的过程。成人高等教育应以培养学生的职业意识和职业能力为重点，以促使学生形成职业基本素养为目标，着力培养适应社会发展与市场需要、具有较强职业能力和综合素质的人才。

（二）教育教学结构的转变

1. 调整专业结构

成人高等教育应调整专业结构，以应用型专业为主，从单科型转向交叉型、复合型，重点建设特色专业。当前复合型人才成为时代需求的新趋势，既要懂技术，又要懂管理；不仅要掌握一门专业技术，而且要熟悉相关学科的知识，要能创造性地运用所学知识解决实际问题。

2. 重构课程设置

从课程设置来看，以往的成人高等教育课程设置多照搬普通高校教育的课程设置，注重对学生进行基础理论知识培养，但缺乏应用能力的开发，专业教学计划的系统性过强，以能力为中心的课程模块偏弱，成人专业课程的相对独立性未能充分体现出来。因此，要把课程设置重点放在人才培养的复合型和创新型整合方面。

成人高校应以就业为导向，以提升职业能力为目标，针对不同学科的特点，构建多元化的职业化课程体系。比如，设置"职业通用能力、职业专业能力、职业应用能力"三阶梯专业课程体系，提高学生专业融合能力、强化岗位适应能力，培养复合型、多技能、有潜力的人才。成人高校应将职业能力标准、企业需求、国家职业资格和技术等级要求等内容嵌入课程体系，突出学历、技能与综合素养的结合，实现课程标准与职业资格标准的结合，完成学历教育与资格培训的结合。

（三）人才培养模式的转变

1. 以提升职业能力为导向

以职业化为核心的人才培养模式需要职业化的课程体系与职业化的教学内容来支撑。课程体系设置是人才培养的核心环节，成人高校应根据培养目标和培养要求，科学、合理、灵活地设置职业化课程体系，加强具有行业、区域性特色的专业建设和课程建设。成人高校应以职业所需的知识和能力为依据，以就业为导向，以岗位技能为核心来设置教学内容，本着强化学生实践能力和综合素质培养的目的，帮助学生提高就业竞争力和职业能力。成人高校需与行业、企业等用人单位共同制定人才培养方案，增强专业、课程的针对性和实用性，通过在校授课和到企业实习相互轮替的教学方式，达到提高学生职业素质和实际工作技能的目的。

2. 职业体验式教学

职业体验式教学是以学生为本、以职业岗位为依据，通过课堂体验、实训体验、实践体验等形式，在教学方式上进行大胆地创新和改革，让学生在切实的职业实践或体验中学习。例如，物业管理综合实训室可完成建筑智能化实训、物业安防系统综合实训、物业弱电设备综合实训、物业楼宇设施综合实训、物业服务实训等。另外，还可开设沙盘模拟实验室、实操训练室，让学生通过直观感受、动手操作、社会参观、师生置换、角色模拟、团队讨论、个人展示等各种形式，成为课堂的"主角"，主动地参与学习活动，同时教师要成为学生学习和成长的帮助者，及时运用评价等手段，引导并激励他们成长。

3. 信息化的教学手段

利用现代教育教学技术，推进成人高等教育教学的信息化进程，是提高成人高等教育质量和效果的客观需要。成人高校应充分利用多媒体技术和计算机网络技术，以实行远程教学，开办网上学校，充分利用有限的教育资源，最大限度地满足不同受教育者的教育需求。成人高校应构建基于网络的教学管理平台，推动多媒体教学载体的开发，实现以在线为主、离线为辅的学习方式变革，创新成人高等教育信息化教学方法。

第二节　职业化转型背景下的成人高等教育课程体系变革需求分析

在职业化转型背景下，成人高等教育在其发展过程中主要体现出两个方面的功能：其一，培养满足社会发展所需要的人才，服务社会的发展与建设；其二，提高成人学习者职业技能和综合职业素养，满足其谋职、转岗以及个人发展的需要。而发挥这些教育功能的关键则离不开课程体系的建设，因为它规定了以什么样的知识内容，去培养什么样的人才，以及使成人学习者能够具备什么样的能力。

课程体系是指被列入教学计划的各门学科及其在教学计划中的地位和开设顺序的组合，它反映了基础课与专业课、理论课与实践课、必修课与选修课等之间的比例关系。一个专业的课程体系设计决定了该专业的方向、专业培养目标。所设计的课程质量的高低，不仅影响专业培养目标的实现，也影响着人才培养的质量。因此，合理的课程体系设计，是保证教学质量，促进专业培养目标实现的基础。①结合成人学习者的特点和需求而言，成人高等教育课程体系的设计必须符合成人教育的特点，彰显成人教育的通识化、个性化和创造性特征。

课程体系的构建是成人高等教育教学改革的核心和载体，

---

① 皮建华，徐明祥.论成人高等教育课程体系设计的改革与创新[J].成人教育，2011(10)：31-33.

在目前向职业化转型的时代背景下也对成人高等教育课程体系的构建提出了新的需求。

一、课程设置要体现职业趋向

成人高等教育课程设置应打破以学科为主的设计思想，逐步确立以职业岗位群的职责任务和技术技能分析为依据的课程设计思想。课程设置应面向社会需要，侧重职业性，突出专业技能和专业素质的培养。同时课程设置应坚持职业性和理论性并重的原则，既要反映学科、专业属性，又要与相关职业技能、素养紧密结合，以适应学员提高职业层次以及谋求创新和可持续发展的需要，从根本上提高学员的职业能力，达到教育服务职业的目的。

二、课程设置要反映最新专业技术

随着现代科技的不断进步，新的技术成果在生产领域不断被应用，成人教育课程设置必须适应变化，吐故纳新，这样才具有活力和生命力，也才能适应成人高等教育的需要。成人高等教育的课程设置应从总体上进行调整，要把新的科研成果及时纳入课程内容中，让学生了解专业发展情况。但局部调整一定要符合教学要求和培养方向，并要有一定的研究讨论程序，在求得共识的基础上进行。①

三、课程设置要体现复合型特点

成人教育体系具有服务性特点，旨在追求成人教育与区域

---

① 夏建如. 论成人高等教育课程体系的构建[J]. 中国成人教育，2008（23）：129-130.

经济社会相适应、与产业发展相衔接、与满足学习者多元化学习需要相契合的和谐联动性。因此，课程设置的转变要致力于开发教学与需求"双向契合"的复合型课程体系。在坚持成人高等教育"高等教育规格"的前提下，突出应用性，建立学校主导、行业指导、企业参与的培养计划研发机制，充分吸纳行业企业对人才知识、能力、素质结构的意见和建议，以实现成人教育与区域、国家经济社会之间的协调发展和相互促进。

四、课程设置要重视实践教学

成人高等教育所培养的学生动手能力相对强，而基础理论相对差，但我们在进行课程配置和组织教学时，也不可过于加大理论知识的灌输。实际上教学中如果理论知识的量过大，反而会影响学生的消化、吸收，影响教学效果。因此，对于学生在实际工作中遇到的问题，应从理论上归纳、升华，把传授知识和培养能力有机结合起来，引导学生把所学的理论知识应用到实践中去，以培养学生解决问题的能力。

第二章　职业化转型背景下的成人教育教学体系相关研究

近年来，国家出台了多项政策，引导高校向"职业化转型"，鼓励成人职业院校健全人才培养模式，鼓励"文化素质＋职业技能"型人才培养模式，为学生接受不同层次高等职业教育提供多种机会。

随着区域经济发展对应用型、技能型高素质人才需求的增加，人们对终身学习的需求日益突出，这就需要我们改变以往传统的办学模式，探索新型发展道路，主动适应区域经济对人才的需求，在职业化教学与课程改革各方面进行探索，以更好地服务区域发展的需求。

第一节　相关概念界定

一、职业化转型

职业化是指从事相似工作的一个团体的成员在所从事的某项工作上与其他团体的成员区分的过程。它可理解为非专业性群体逐渐符合专业标准，成为专业性职业并获得相应专业地位的动态过程。职业化的评判标准包括职业群体成员具有与工作相关的共同价值观、职业定位或预期，具有系统的专业知识背景并通过一定的规范标准得到了认可，所掌握的专业技能是非职业群体无法准确判定和评价的，能够从职业行为中反映出社会共同认可的职业道德和职业信条。①

转型是指事物的结构形态、运行方式和人的观念等的转变过程。学校转型发展是指学校由转型而引起不断扩展和提升的动态变化过程，是指成人教育的发展从观念到形式、从外延到内涵诸多方面的深刻变化，包括转变发展方式、优化办学结构、增强创新能力、提升社会绩效、充分发挥功能、谋取更大作为等。我国成人高等教育开始了向岗位培训和继续教育为重点的转变，职业化倾向明显。政府大力提倡，学校纷纷转轨，学生以求职为学习的主要目的，职业化成为整个成人高等教育转型的基本特征。

职业化转型是指成人教育由传统学历导向型向职业型的转变，以岗位培训和继续教育等非学历教育为主，重在提高学员的职业岗位技能和能力，走职业化发展之路。它有自身特定的内涵，即以"服务区域，办百姓身边的大学"为发展定位，以促进学生"成人—成才—成功"为使命，以服务区域经济为办学目标，探索职业化发展道路。具体来讲，在办学定位上，转变过去以学历教育为主向服务区域经济社会发展，满足市民终身学习需求转变；在人才培养模式上，向培养"职业技能＋职业素养＋高适应性"人才，满足社会多元多层次人才需求转变；教学体系上，改教学模式，向着职业化教学体系转型；办学模式上，由学历教育办学向产教融合、校企合作转变。

二、成人教育

成人教育是指通过培训等手段，对学生或从业者进行职业

① 彭娟，郑锐洪．高等院校职业化教育培养要素及其差异探究 [J]．河北科技师范学院学报（社会科学版），2012,11(4)：91-95，104．

认知、职业探索、职业定向、职业选择、职业生涯规划与职业实现（就业）等方面的教育与指导的过程。它根据教育学和心理学的基本原理，以培养学生的职业意识和职业能力为重点，以促使学生形成职业基本素养为目标，注重开创人的职业个性，强调培养学生良好的职业心理素质。[①]余小波将我国成人教育划分为学历导向、职业导向和学习导向三种，认为成人教育开始由传统学历导向型向现代学习导向型转变，要把职业型的转变当作必经阶段和当前的重点。[②]

可以发现，成人教育过程不仅强调专业知识的系统传授，也强调专业技能的系统培训以及专业素养的培养，或者说成人教育是以职业素质综合培养为目标的系统教育过程。[③]

三、教学体系

教学体系主要是指教学活动中的知识结构、基本框架、教学内容、教学方法、教学过程、教学评价等构建的有机整体，涉及教学顺序、教学过程、教学方式、教学内容、教学反馈、教学评价等众多教学要素。它具有参照性、开放性、可操作性等特点，主要是对教学活动中的各种关系、构建要素的顺序进行阐述、构造，从而在教学理论和教学实践中架起一座沟通的桥梁。

教学体系在构建活动中从某一较为明确的教学方式开始，

---

① 高海英,隋耀伟,刘晓红,等.360°视角下素质教育与职业化教育的解读与思考——长春大学光华学院职业化教育侧记[J].中国市场,2011(52):211-212.
② 余小波.成人高等教育型及转型探略[J].现代大学教育,2011(1):26-31,112.
③ 彭娟,郑锐洪.高等院校职业化教育培养要素及其差异探究[J].河北科技师范学院学报(社会科学版),2012,11(4):91-95,104.

在众多教学方法中总结形成比较稳定的系统，并不断地优化完善，以形成可以在较广范畴中指导具体教学活动的方式。教学体系一般是理论化的，在教学活动中提炼形成，会得到某一或若干教育教学理论的引导，其科学性需在教学实践中得到验证。

因此，可以说，教学体系是以教学思想与教学规律为指导，基于具体教学活动而形成的较为稳定的有机整体，对保障教学活动的正常开展和有序进行发挥着重要的作用。

第二节　关于成人教育教学体系的文献研究

2010年8月，国家颁布了《国家中长期教育改革与发展规划纲要（2010—2020年）》，指出教育要"努力培养造就数以亿计的高素质劳动者、数以千万计的专门人才和一大批拔尖创新人才"。"职业教育要面向人人、面向社会，着力培养学生的职业道德、职业技能和就业创业能力。到2020年，形成适应发展方式转变和经济结构调整要求、体现终身教育理念、中等和高等职业教育协调发展的现代职业教育体系，满足人民群众接受职业教育的需求，满足经济社会对高素质劳动者和技能型人才的需要"。由此可见，成人教育作为整个教育序列中的一个组成部分，在社会主义现代化建设中也发挥着重要作用。

一、关于成人教育的研究

成人教育主要指的是对成年学生进行系统、有组织、有目的的教育的活动，其被列入教育谱系，是教育学领域的重要部分。就研究对象来说，成人教育主要面向成人。在我国，成人教育主要是让成人学生丰富自身知识，提升自身技能，以改善生活条件，并将学习拓展到社会生活各个领域。

到了近现代，伴随社会生产力的不断发展，社会关系的持续变化，成人教育思想逐渐凸显，对于成人教育的研究开始增多。谢国东指出，成人教育是终身教育，根本任务就是服务于成人学生，最终促进人的全面发展。[①]同时，他认为成人教育并非人生某个时期的活动，一次性学习永远不符合社会发展的要求。因此，成人教育应是公民的一种权利，国家应该是成人教育的提倡者。张昭文指出，成人教育要在教育观念、管理方式、教学内容、教学方式、投入方式以及管理人员、成人院校与成人学生关系处理方式等方面进行创新。[②]朱涛认为为促进成人教育发展，要在外部环境和成人教育自身素质方面入手，更新理念，开拓创新，自主办学，提高服务质量。[③]

早在20世纪初期，杜威就提出了"教育即生活，学校即社会"的观点，不断拓展教育发生的时空，强调学习应贯穿生命的始终，其中就包括成人教育。20世纪90年代，英国以法律的方式构建与成人教育相适应的配套机制；美国和日本的成

---

① 谢国东.成人教育——学习型社会的必要条件[N].中国教育报,2004-08-04
（006）.

② 张昭文.对成人教育创新的几点思考[J].中国成人教育,2002(12):16.

③ 朱涛.成人教育："一波五折"的历程及启示[J].湖南师范大学教育科学学
报,2003(2):51-55.

人教育并不仅仅指的是成人院校，还包括社区、有活力的企业等。为了满足不同层次人群的需要，各个国家基于成人学生的学习需求，积极优化本国的成人教育教学体系和学习环境，重视成人学生的学习特点，努力满足成人学生的学习需求。

此外，从成人教育培养目标发展历程来看，成人教育的发展最初是为了满足工业化生产的需要，培养应用型人才；进入21世纪，随着知识经济的增长和信息化社会的到来，成人教育开始强调培养技术和技能复合型人才；进入"十二五"之后，成人教育又明确了高素质、技能型和创新型人才培养目标；在"十三五"时期，成人教育需初步实现全民终身学习这一目标，构建具有中国特色的终身教育和终身学习体系。

二、关于成人教育教学体系的研究

成人教育教学体系主要是指以成人教育教学思想为引领，在具体教学活动中，为了达成教学目标，满足教学活动要求，基于某一内容构建产生的较为稳定且明确的教学有机体。在这里，成人教育教学体系一定要基于成人学习理论而构建，重点要体现教学活动，围绕某一内容或目标，从而提高教育教学质量。因此，成人教育教学体系中的教学要素要有别于其他教学活动的教学要素，即教育对象具有服务性、职业性等；教师不仅具有一定的知识与技能，还要有良好的道德品质；教学内容要涉及社会、政治、经济、文化、科技等各个领域。①

随着知识社会的不断发展和信息化水平的持续提升，成人教育教学体系发展面临众多挑战，以往的办学机制等问题开始

---

① 赵红亚. 我国成人高教教学模式改革探析 [D]. 开封：河南大学,2001.

凸显，对成人教育教学体系的构建和完善产生了较大影响。有学者指出，强调基于教师、教材、课堂为中心的传递—接受教学活动对成人教育产生了一定的影响。①

此外，很多学生认为在成人教育教学体系中，教与学所处的地位发生了根本性的变化，逐渐构建了学生以自主学习为主与教师以导为主的新型关系，学生为中心的教育理念得以明确。而且，教学体系中的教师、教材和学生要素开始转变为学生、资源与服务。②有学者基于实践研究构建了具有成人教育特点的教育体系，一是借助互联网与信息技术对传统教学方式和教学体系进行变革，二是从信息技术的特征入手开展研究活动，如以中央电大为试点的开放教育，延伸了课堂教学体系，将远程教育手段和原有的教学模式结合了起来。③此外，还有重视学习过程和环节的"自学—导学—助学"3L教学体系、"2+2互动"教学体系等，主要是借助教学支持服务、环境和资源利用等，将教与学联系起来，助力"学"得更好地达成。

由于成人教育特点和教学体系内涵的要求，成人教育教学体系应基于教育对象、教育环境、教育内容等要素，结合具体的成人教育实践，更有针对性和适切性，推动成人教育教学的发展。

---

① 田伟.成人高等教育教学模式探索[J].现代企业教育,2008(12):218-219.
② 钱昆明.关于网络远程教育的思考[J].中国远程教育,2001(12):10-13,17.
③ 叶翔鹰,伍秀娟.电大现行远程教学模式评析[J].中国远程教育,2001(12):18-19,29.

第三节 成人教育教学体系的理论基础和基本特征

一、理论基础

（一）成人学习理论

成人教育过程中，我们常常会发现存在如何明确"教"与"学"的地位、如何优化成人学生学习方法和确定成人教学要求等问题，这就需要我们科学地认识成人教育，掌握成人学习的规律。

成人教育的优化与完善需要以成人学习理论作为基础，当前比较典型的成人学习理论主要有三种。一是诺尔斯的成人教育学理论，认为成人学生可以独立地进行自我学习，有较为强烈的、内发的学习动机，这为成人学习理论的进一步发展打下了良好基础，并提供方向上的指导。二是塔夫的自我导向学习理论，指出要把成人学生的自我导向学习当作他们的一种学习方式，并具体阐述了成人自我导向学习的目的、过程等。三是麦基罗的质变学习理论，认为成人学生遇到某一社会困境时会对自己的社会角色等进行反思，进而基于这一动机采取某种学习行动，实现社会角色的变换。

随着社会的发展和人们认识的不断深入，成人学习理论也得到一定的发展。从 20 世纪 20—50 年代主要研究成人学生是不是存在学习能力，到 80 年代开始出现多学科化的发展趋势，主要是基于多学科视角分析成人学习规律与相关内容，出现了转换学习理论等。在成人学习理论的发展过程中，它逐渐形成了以下两个核心观点：一是成年学生的学习能力比较强，能够在继续教育活动中提高自己的能力；二是对成人学生设置的课程应该有针对性，并在教学目标、教学内容、教学活动、教学评价上作出改变，以适应成人学生的学习特点。

成人教育作为让成人学生丰富知识、增长能力、提高技能、获得专业资格、转换新的方向的重要教育形式，应在促进人的全面发展和社会经济文化均衡而独立发展方面发挥关键性的作用。因此，我们要科学地理解成人学习理论，抓住其核心观点，遵循成人教育和成人学习规律，构建适合成人学生的教学体系。

（二）系统论

系统论、耗散结构和协同理论在物理学、化学、社会学等领域得到了广泛应用，也为我国成人高校教育系统的变革与创新奠定了坚实的理论基础。1945 年，贝塔朗菲发表了《关于普通系统论》的文章，从此系统论开始进入人们的视野。《系统科学大辞典》这样界定系统论，即它是研究系统概念、思想、方法和规律的哲学理论；在《生命问题——现代生物学思想评价》中，贝塔朗菲这样定义系统论，即它是存在于相互作用过程中的诸要素的综合体，具有独特的功能和专门的属性。①

系统论的核心思想是整体观。各个系统形成有机的整体，

---

① 史文浩.中国成人教育学科体系构建研究 [D].保定：河北大学,2019.

各个部分并非孤立地存在，也不是简单地组合，而是相互作用、相互影响，共同构建相辅相成、不可分割的统一体。它强调将各个对象看作一个体系，研究体系中的组成结构与功能，分析系统中的各个组成要素的发展变化规律。

从系统论的观点来审视成人教育教学体系这一复杂的研究对象可知，系统的整体性、关联性、平衡性等特点都决定了成人教育教学体系的变革创新为我国成人高校生存与发展的客观需要。① 成人高校作为社会大系统中的一个子系统，社会大系统所发生的转型与变革迟早会对其产生影响，并需要其作出相应变革。成人高校应该是一个与外界不断进行物质和能量交换的开放系统，其教学体系的创新是内外部环境相互影响、相互制约以及相互协同的必然。

（三）建构主义学习理论

建构主义学习理论最早是由皮亚杰提出的，他借助内外因的相互作用来阐述认知发展情况，并认为学生通过学习能够让其认知结构获得发展，也就是说学生在和周边环境进行相互作用的阶段逐渐构建产生所需的知识，即存在"同化"与"顺应"的过程。建构主义认为，人们理解知识的活动是在某种情境下，在他人的帮助下，以自身已有知识经验为基础进行的。它强调的是知识建构过程中学习主体自身的经验，指出教学活动主要是以学生为主体，教师是学生学习过程中的引导者与促进者。

按照建构主义学习理论的思想，教学活动应以学生为主体、

---

① 何爱霞.我国成人高等教育办学机构理念革新论析[J].现代远距离教育,2013(3)：33-38.

教师为主导来开展，提倡学生的自主合作探究。对于那些具有较强操作性和实践性的教学活动，教师更应引导学生自主地提出问题，并通过主动收集资料、小组探讨等来解决问题，提升解决问题的能力。此外，建构主义更为重视情境化教学，指出理想的教学环境要涵盖情境、协作、交流与意义建构等内容，要有助于学生完成对知识的意义建构，益于体验学习。

建构主义学习理论指出，学习活动中，要重视学生主动性和建构性的发挥，要让学生自我规划、自我决策、自我实施与自我评估。在这一方面，混合式学习就发挥了很好的作用，它具有较强的参与性，能够让学生获得个性化的学习体验，并根据自身需要选取适合自己、满足自身的学习资源，完成学习活动。

二、基本特征

接受成人职业教育，主要是为了提升职业素质。职业素质分为显性职业素质和隐性职业素质。显性职业素质包括可短期掌握的职业知识和职业技能；隐性职业素质即职业素养，包括在较长时间范围内通过内在与外在环境共同作用得以形成的职业道德、职业意识和职业态度。隐性职业素质对人的整体职业素质起决定性作用。成人教育职业素质培养要素如图 2-1 所示。

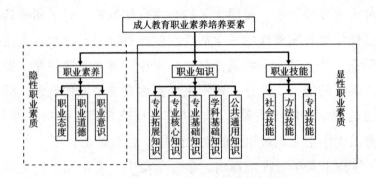

图 2-1 成人教育职业素质培养要素

职业化教育不等于职业教育，它重在多元教育而不是单项培养，这就对成人教育的教学体系构建和实施提出一定的要求。学校职业化转型的内涵决定了其教学体系要满足以下要求：在办学上，服务区域内的政府、企业、中小学、社区，满足市民的终身学习需求，为成人学生提供终身学习需要的各种服务，体现成人教育教学体系服务性的特点；在人才培养上，要求以高素质应用型人才为目标，突出学生的岗位能力，满足学生的岗位需求，体现职业性的特点；在办学模式上，要求满足不同层次学生的需要，多种教育形式并存，体现多元开放的特点；在办学方式方法上，利用信息技术为学生提供方便、灵活、个性化的服务，解决成人学生工学矛盾，体现了信息化的特点。具体分析如下。

（一）服务性

服务性是指独立设置成人高校向成人学生提供丰富的、多样化的服务。服务性主要体现在"全方位"，即在教学方式和管理方式等方面，包括为成人学生提供管理、人力、智力、资源、信息、文化等全方位的支持和指导。教学安排以及管理形式应转化为教学服务和支持服务。服务对象不仅是成人学生，还应扩大到区域内的行业、企业、政府、中小学等单位，发挥服务区域，推动区域经济发展的作用。提供全方位的服务是以"人"的职业发展为逻辑，为其提供开放的、阶段式、延续性的职业化教育服务。

（二）职业性

职业性是职业化转型的本质属性。职业性是指在人才培养目标定位、教学、课程设置等方面增强岗位的应用。通过对成人高校学生实践的调查分析得知，有 90% 的学生已经从事某职业岗位，学习动力是期望更胜任、能升职（占 30%）或是求发展、求文凭、感兴趣（占 60%）期望学习与本岗位紧密相关的学习内容。而通过对学生职业化程度的分析，大部分学生具备一定的职业素养，但需要进一步地规范。职业化转型强调与岗位紧密相连的职业性。

（三）多元开放

多元开放是指改变特定历史时期的学历补偿教育，不断扩大适应性，开办多种类型的教育、培训，如，终身教育、老年教育、各种职业技能培训、岗位能力培训等，满足不同层次学生的需要。注重多元开放的办学模式与培养模式，如，变单一办学为合作办学、产教融合、校企合作、学历教育与非学历教育融合等形式。学校探索多元开放的职业化教育模式，专业课程模块化满足学生多元需求；教学方法多样化满足成人学生发挥自主学习潜力，实现成人学生灵活化学习的需求；服务方式人性化，实现满足个性化，便捷高效的学习支持服务。

（四）信息化

随着信息技术的迅猛发展以及信息技术在教学中的不断运用，信息技术与教学的融合已经成为现代教学体系的一个典型特征。职业化转型必然要仅仅抓住信息技术这一服务载体，通过多种信息技术手段帮助学生实现方便、灵活、个性化的学习需求。

成人教育主要以职业能力（岗位工作能力为核心）培养为落脚点，强调高素质，提升人才的层次。高素质主要体现在两个方面：一方面，是以岗位能力为主，但不局限于某个特定岗位，扩展到整个职业生涯；另一方面，是以职业能力为主，但不局限于某个职业，而是从完整的人的角度，使学生得到全面发展。

从教学体系和课程结构上看，整体思想是以岗位能力（知识、技能、素养），兼顾职业能力（知识、技能、素养），再拓展到人的素养。

一是岗位能力。一方面，成人教育与普通高校教育的一个重大区别是"职业性"，各专业的划分实际上就是强调不同岗位或者岗位群的特定知识和能力。另一方面，学生接受高职教育大部分是带有明确目的性的。但无论专业课程定位怎么变，教学体系要培养并提升岗位能力这个核心都不能变。

二是职业能力。考虑到学生的可持续性发展（高等性），在课程中要为学生提供促进其职业发展的机会。从学生职业生涯的发展的角度看，成人教育除了要明确学生需学的专业课程之外，还要结合他们的从业情况和意愿，使其获得职业需要的能力。值得注意的是，这些职业能力和前面的岗位能力也是有联系的。

三是职业素养。素养与职业能力是相互关联的，成人教育除了需要职业能力外，更需要相关的职业素养。

第四节　职业化背景下课程教学体系的构建与运行机制

一、教学体系的构建

成人职业教育转型背景下教学体系的构建，首先要遵循的原则和定位是具有成人特征，因为培养的是心智成熟、自主性强、目的明确、工学互补的成人；其次要凸显职业性，培养的是复合型人才；最后要坚守高技能，因为培养的是高技能人才。同时，构建时，一是要体现课程的实践性——工学结合；二是加强课程内容对工作的适用性——学用对接；三是适应学员的差异性灵活安排课程——灵活高效；四是提高对成人学员学习特点的适应性——个性多元；五是注重课程内容的前瞻性——动态开放。

（一）教学体系构建的取向

在成人职业教育转型背景下，我们要以学生所从事的工作岗位或所涉及的技术领域对人才提出的能力要求作为选择课程内容的依据，构建定向化、模块化的课程，成人职业化课程教学体系构建取向如图 2-2 所示。在课程目标上，以学生现在从事或将来可能从事的职业岗位、岗位群或某个特定的专业技术领域的工作的需要为课程设计的出发点；在课程内容上，以能力为本，即强调课程内容以培养学生的能力为重点；在课程结构上，采取模块组合；在课程实施途径上，采取校企合作，要求学校在专业设置、课程开发、资源利用、师资培养与使用、课程实施等方面充分与企业合作，同时要学历与职业资格证书并重。

图 2-2　成人职业化课程教学体系构建取向

职业化教育是为学生从事某一具体职业做准备，具有很强的职业定向特征，这就使成人高等教育课程内容取向经历了一个以知识为本位向以能力为本位的转变。并且，随着课程培养目标取向和课程内容取向的转变，课程结构模式取向也向着小型化、模块化方向转变，要按照职业导向性特征探索产学合作的道路。

（二）构建模式

成人教育课程教育体系按照专业特色和职业化要求，可以分为目标导向、行动导向和就业导向等多种类型。其中，行动导向又可细分为过程导向、任务导向。

1. 目标导向的课程体系

课程目标为课程教学体系构建的起点和评价标准的终点，在课程教学体系构建中具有重要的核心统领作用。按照职业化特征，在宏观、中观和微观上以知识和技能，过程和方法，情感、态度和价值观三维目标为导向。

宏观的课程目标确定层面：根据专业培养目标将课程目标分解为上述三个维度；中观的课程设置层面：课程框架中基础课程、专业课程和素质拓展课程三个平台分别基于上述三个维度的目标来设计，每个平台、每门课程均承担实现三维目标的任务，只是不同课程承担的任务量和相互组合的比重不同；微观的课程实施层面：通过解决问题、批判性思维、创新思维等方式对三个维度的目标以问题或案例、实践的形式进行整合，使三个维度的目标形成科学、稳定的立体结构，相互交融，相辅相成。

这种模式下，模块化课程教学构建将更有实效性，因为模块化系列课程具有以下特点：目标明确；即时强化；重点突出；选修灵活。

2. 行动导向的课程体系

行动导向强调"让学生在自己'动手'的实践中，掌握职业技能，习得专业知识，从而构建属于自己的经验和知识体系"，即职业能力。显然，行动导向课程体系是以能力培养为本位，构建学生完成职业工作所需要的知识、能力与素质，具有鲜明的职业性特征。这一特征决定了行动导向课程体系将始终围绕培养对象的职业能力这一主题，而且课程体系与工作体系有机结合。它不再单纯地追求学科知识的系统化，而是力求工作过程的系统化，即将工作结构转化为课程结构，将工作内容转化为课程内容。图 2-3 是行动导向的课程体系构建步骤。

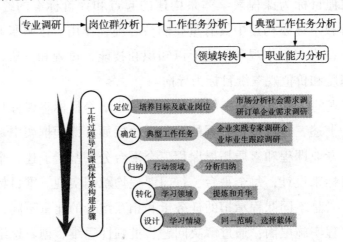

图 2-3　行动导向的课程体系构建步骤

总之，行动导向的课程体系以就业导向的社会需求、能力本位的职业需求和终身发展的个性需求为价值取向，充分体现了职业教育能力本位的职业性、工作过程的实践性和职业迁移的开放性特征。建构主义理论和设计导向论是确定行动导向课程体系目标、结构和内容等要素的原则和依据。

3. 就业岗位与技能导向的课程体系

从短期看，毕业生的就业竞争力主要由职业技能决定；但从长期发展看，一般能力，尤其是创新能力和学习能力是促进毕业生成长的关键能力。美国职业培训的 KAS 模式，将目标岗位的职业能力分解为 K（Knowledge，知识与素养）、A（Ability，能力）和 S（Skill，职业技能）。教学上对 K，A，S 三要素的要求是不同的。对知识与素养（K）的要求是理解或了解，对一般能力（A）的要求是掌握，而对职业技能（S）的要求是熟练掌握。因此，必须长短兼顾，正确处理 K，A，S 三者的关系。

职业化教育的专业课程设置必须从岗位职责的需求出发，以岗位技能要求为主线，突出技能训练在课程框架中的主线地位，按照实际工作任务和工作情境组织课程，构建职业通用能力、专业核心能力和专业方向能力的课程体系。同时要克服传统的单一、封闭模式，走出校门，深入社会，与行业、企业相结合，调查了解与专业相关的职业岗位知识和能力群，使各方共同参与课程的设计。要注意将用人单位的需求转化为高职的培养目标，并在课程设计中体现出来。要尽早让学生实践，为学生提供体验工作过程的学习机会，从而满足本行业岗位职责的多项要求及相应岗位任务群的要求，逐步实现从学习者到工作者的角色转换和以岗位就业和素质培养为导向的培养目标模式。

（三）教学体系构建的具体内容

教学体系包括理论教学体系和实践教学体系。理论教学体系由基础课程、专业课程、素质拓展课程三个平台构成，实践教学体系由实验课程、实习、毕业论文或设计、学生创新实践活动等环节构成。由于职业化教育的特征，对其教学体系的构建更加侧重实践教学体系的探索。针对实际情况，我们重点研究了模拟实践教学体系、体验式教学体系和模块化教学体系。

1.模拟实践教学体系

根据专业和各种职业特征，搭建各种实践教学和模拟创业平台，可帮助学生掌握基本技能，同时以模拟创业平台为延伸，可为学生提供模拟或真实工作环境，全方位地提升学生创新实践能力和创业、就业能力。

2. 体验式教学体系

众所周知，成人学习具有独立、不断强化、自我指导的个性；具有丰富多样，并且个性化的经验；成人的学习目的明确，以及时、有用为取向，以解决问题为核心。成人职业教育最大的特征就是把求知、教学、做事和技能结合在一起，即把教、学、做融合。这种把求知、教学、做事和技能结合在一起的最佳方法就是体验式学习。

结合办学特征和学生的实际需求，成人高校可开展一系列职业课堂体验培训活动，并结合移动互联网时代特征，通过建立移动平台、开发微课程、开通微信订阅号等信息化方法，尝试探索"线上学习、线下体验"成人教学体系融合模式。综上，引导成人学生参与体验式学习活动，拓展、丰富学生的学习内容。

3. 模块化教学体系

所谓模块，描述的是围绕特定主题或内容的教学活动的组合，或者说，一个模块是一个内容上及时间上自成一体、带学分、可检测、具有限定内容的教学单元，它可以由不同的教学活动组合而成。模块内容包括单一课程，若干相关知识点的组合，实验课程，理论课程与实践的组合，围绕特定主题或内容的教学单元。模块化教育模式以"模块式技能培训"和"能力本位教育"两种流派比较具有代表性。模块式技能培训是20世纪70年代初由国际劳工组织研究开发出来的以现场教学为主、以技能培训为核心的一种教学模式。它以岗位任务为依据确定模块，以某种职业实际岗位工作的完成程序为主线，可称之为"任务模块"。"能力本位教育"主要以加拿大、美国等为代表。它以知行能力为依据确定模块，以从事某种职业应当具备的认知能力和活动能力为主线，可称之为"能力模块"。两种流派的共性是都强调实用性和能力化。区别是"能力本位教育"是从职业普遍规律和需求出发，侧重职业基础通用能力，"模块式技能培训"是从职业具体岗位工作规范出发，侧重职业岗位工作能力。

　　针对职业教育，"宽基础、活模块"教育模式相对适应我国国情。所谓"宽基础、活模块"教育模式就是从以人为本、全面育人的教育理念出发，根据正规全日制职业教育的培养要求，通过模块课程间灵活合理的搭配，培养学生就业能力。职业化教育开始由原来知识本位的"公共基础课—专业基础课—专业课程"三段课程结构模式向能力导向的"文化素养课模块—专业素养课模块—职业素养课模块—实践实训课模块"四大模块转变，也可以说成"专业基础课程—专业技能课程—综合素质课程—专业实践能力职业综合素质"，模块化教学体系如图 2-4 所示。

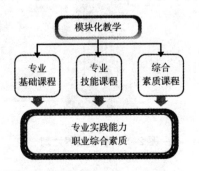

图 2-4　模块化教学体系

总之，模块化教学改革在整个教学过程中使学生能够在实践活动中获得知识和能力。它有利于学生创造能力的开发，有利于学生独立工作能力的养成，有利于学生协调能力的形成，是一种比较适合职业化发展的教学模式。

二、运行机制

（一）实施联合培养计划

对于职业学校来说，校企合作是至关重要的一环。通过校企合作，学校可以不断了解企业和社会对人才的需求，更加重视课程改革，提高教师专业素质，增加学生的职业体验。这也给模块化教学提供了不断创新的动力和源泉，联合培养计划如图2-5所示。

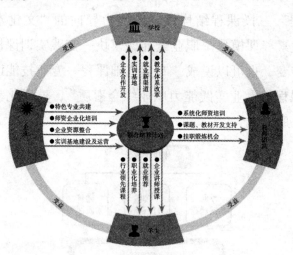

图2-5 联合培养计划

成人职业学校进行专业和课程设置时，要以行业组织制定的职业能力标准和国家统一的证书制度为依据，具体内容和安排由企业、专业团体、学校联合制定，并根据劳动力市场变化情况不断修订。

行业组织（企业）要发挥在职业能力标准制定中的作用，做好行业的就业需求预测和职业分析，制定职业能力标准，向学校提供专业、课程和教学依据。

学校要积极与企业签订协议，合作办学，实行"订单培养"，要对行业与企业需求、教育与人才市场需求、人才规格需求、教育受众（学习者）需求、职业资格证书要求等进行分析。同时，学校要建立高素质的职业教育教师队伍，他们至少有3—5年行业专业工作经验，并积极参加专业协会活动，接受新的专业知识、技能和信息。

在联合培养计划中，成人职业教育教学模式普遍采用以能力为本位的指导思想，教学过程强调学生的主观能动性，教学工作重点放在训练学生的实际工作能力上，对于学生在工作和生活中获得的相关专业技能，在考核中予以承认。同时，成人职业教育还需引入"双证制"，实行学历证书与职业技能证书并重的教育制度；实施"学分制"，建立课程类型模块化与自由选课、自主学习兼顾的约束机制；推行"三轨制"，构建"课堂教学、网上学习、校企合作"的"教、学、做"合一的培养机制。

（二）健全教学体系研究保障机制

1. 科研引领机制

职业化教学体系构建需要科研引领，特别是定位于培养创新型、应用型人才，往往对教师素质的要求更高，教师不仅要具备扎实的理论基础，而且应具备较强的实践技能，最重要的是能够通过教学改革来促进学生创新精神的培养。因此，用科研的方式研究创新学习规律能够更好地促进职业化教学体系的构建。

2. 产教融合机制

以"能力"为本位的职业化教学体系一定要基于学生发展的真实需求，成人高校必须采取"请进来"和"走出去"相结合的办法：一方面，积极聘请行业、企业专业技术人员作为教学指导教师；另一方面，大力拓展校外实践实训基地，为教师进修和学生实习创造良好的外部条件和环境。同时，借助产教融合，将产业发展的前沿动态引入教学，以更加有利于教学实践的实施与推进。

3. 持续投入机制

职业化教学体系的构建需要持续地投入，学校要根据实践教学的长远规划目标，将实训基地的建设纳入学校预算，以保证及时购进和更新实验设备。学校要积极建设一批能够满足学生校外实习的基地，同时教学后勤服务也要配套，以确保实践教学的质量。

第五节　成人教育教学体系的实践探索

成人高等教育要服务于区域的协同发展，服务于经济产业结构的调整转型，不仅要培养具有职业专业技能的人才，而且要培养具有职业素养和岗位适应能力的服务型人才。为成人学年提供开放的、延续性的职业教育服务，走一条以"成人—成才—成功"为使命，具有成人教育特色的发展道路。

一、倡导职业化教育理念，探索职业化教育路径

所谓职业化教育，是指"通过学习和培训，对学生或从业者进行职业认知、职业探索、职业定向、职业选择、职业生涯规划与职业实现（就业）等方面的教育与指导的过程"。它以培养学生的职业意识和职业能力为重点，以帮助学生形成职业基本素养为目标，注重促进人的职业个性发展，强调培养学生良好的职业心理素质。[①]职业大学基于职业化教育理念在教育对象上强调以成人学生为中心，突出职业知识和技能的教育与培训，逐步由成人学历教育为主，向在职或非在职成人继续教育为主转变。在办学模式上，成人职业学校向开放式办学转变，积极开展各种教育培训活动，促进学校教育与有组织教育活动和无组织无系统非正式教育活动相结合，重视教育与社会的广泛联系与引导。在人才培养模式上，以培养企业和社会组织实际需要的技术应用型职业化人才为目标，打破专业限制，通过体系化、模块化的课程满足学生多层次、多元化的需求。

二、构建职业化课程体系，开展职业体验教学

成人职业学校应以就业为导向，以提升职业能力为目标，针对不同学科的特点，构建多元化的职业化课程体系，同时，学校应将职业能力标准、企业需求、国家职业资格和技术等级

---

① 高海英，隋耀伟，刘晓红，等.360°视角下素质教育与职业化教育的解读与思考——长春大学光华学院职业化教育侧记 [J]. 中国市场,2011(52)：211-212.

要求等内容嵌入课程体系，突出学历、技能与综合素养的结合，实现课程标准与职业资格标准的融通以及学历教育与资格培训的融通；增强学生的兴趣，突出学生在某个专项职能管理上的优势，设置"兴趣模块"，满足学生个性化学习需求；调优专业和课程体系，促使课程模块化、菜单式，在学分制基础上满足学生跨专业选修的多元化需求，探索学历、非学历以及社区教育课程的融通；以能力本位教育观为指引，以职业标准为导向，构建理论与实践紧密结合的职业化课程模式。

职业体验教学以学生为本、以职业岗位为依据，通过课堂体验、实训体验、实践体验等形式，在教学方式上进行了大胆地创新和改革，让学生在切实的职业实践或体验中去学习。

三、构建基于学历教育与非学历教育融通的课程体系

课程体系是人才培养的核心环节，探讨基于学历教育与非学历教育融通的课程体系构建，只为更好地实现人才培养目标，规划"模块—专题—主题"的新型课程体系。成人职业学校，以就业为导向，以提升职业能力为目标构建职业化课程体系，并将整个课程体系划分为若干模块，每个模块分为若干专题，每个专题按其培养目标设置若干主题课程与讲座，并将从业资格证、职称证书等国家职业资格证书考试课程和考核要求嵌入课程体系，突出面授与网络、技能与实践教学相结合的特点。

（一）具体定位

基于学历教育与非学历教育融通的课程体系构建定位于培

养"综合素质＋职业能力"的人才。专业人才培养目标的正确定位，是进行教育教学改革的基本前提。培养目标的定位决定人才培养方向，它是课程体系设置的基础。成人职业学校需根据对社会经济发展、企业需求状况及成人教育现状的分析，提出"综合素质＋职业能力"的人才培养目标，即以职业能力为主线，对学生进行素质、专业知识和技能的系统培养，使学生在学习期间掌握做事的能力（职业专门能力和应用能力），提升岗位适应能力和可持续发展能力。成人高校需要进行学历教育向非学历教育方向转化的变革，在实施教育教学过程中，一方面，要充分利用学历教育教授内容的全面性、基础性及知识的系统性、扎实性优势；另一方面，充分利用非学历教育强调课程设计的实际应用性和注重学习者操作的实践性优势，取长补短，促进人才培养目标的实现。

要做到学历教育与非学历教育的接轨融通，还需要正确定位学历教育与非学历教育的融通方向。学历与非学历教育的融通主要指教学目标上部分一致、教学内容上互相融合、教学方式上互相借鉴、教学服务上相互衔接、教学结果上相互转化。换言之，即主要探讨学历教育与职业资格证书／技术等级培训融通、学历教育与岗位技能培训融通、学历教育与职业性继续教育融通等融通形式；调整职业资格证书及岗位技能要求明确的专业培养方案、教学计划与课程内容，通过改造专业的培养目标、课程设置、教学手段、学习资源、教学管理等进行全方面地优化，使其提高职业资格证书／技术等级相关考试应试能力和对专门岗位的胜任能力，并拓展相关培训；调整学历教育中职业基础素质与通用职业能力培养，通过对课程内容、教学手段等进行全面优化，实行专题化、讲座化、培训化，提高其就业岗位的针对性。

（二）融通形式

新型课程体系追求成人高校的教育教学与社会需求的紧密契合，这是其核心价值所在，具体体现在学历教育与非学历教育的以下融通形式。

第一，课程体系体现学历教育与职业资格证书/技术等级培训融通。目前，越来越多的行业（如会计行业）采用严格的行业证书准入制度，从业人员必须取得相应岗位的资格证书，才能从事相关岗位的工作。职业的发展、职位的晋升与否同是否拥有相应的职业资格证书或技术等级证书也息息相关。新型课程体系强调学历教育与职业资格证书/技术等级培训并轨，将职业资格证书或技术等级证书相关考试课程及考核要求直接引入或改造引入学历教育相关专业教学计划中，成为学生必修课程，取得了相关资格证书的学生可以申请对应课程的免修免考。

第二，新型课程体系体现学历教育与岗位技能培训融通。为保证学习者顺利就业并能较快地适应岗位需求，必须注重岗位技能的培训，而且合理地组织实践教学至关重要。本课程体系实践教学遵循理论讲解—单项技能实训—综合技能训练—企业实习就业的层次化职业应用技能培养原则。同时，学校应以就业岗位工作内容为线索进行课程配置，按通用技能、专业技能和技能应用三个层次构建阶梯性的实践性课程体系，且其内容由简单技能逐渐过渡到复杂技能。根据课程教学内容及进程，成人高校应采用校内模拟实践和校企合作共建实践基地相结合的方式，通过层次性实践教学，实现与就业岗位的"零距离"对接。

第三，新型课程体系体现学历教育与职业性继续教育融通。新型课程体系在关注社会经济发展和企业对人才的需求的同时，重视学习者个体职业发展能力和动力的培养，且课程体系不仅针对职业岗位的拓展和专业技能的提升，还扩展至了学生的职业生涯。另外，新型课程体系拓宽了课程内容。课程内容强调学科的交叉性、现实性和前瞻性。学校应按模块灵活组织教学，避免教学计划呆板、学科单一，注重学习者职业的后续发展。

总之，自职业化转型以来成人高校虽然取得一些成绩，但仍有许多问题需要继续摸索。通过调研，我们了解到了"转型是痛苦的""教师的理念必须转变，不论在教学过程中还是教学服务的过程中都要紧绷职业化这根弦""学校应有相应的职业化回应机制""职业化转型需要系统化，体制的系统化，是自上而下的"等问题。职业化转型走到现在，确实存在很多问题，诸如，职业化转型后教师能否胜任职业化的教学工作；职业化转型后教师与教学管理者的角色如何定位；职业化转型的系统化如何办学；校企合作的实践如何推进；职业化与信息化如何融合等这些问题都成了转型升级必须要解决的问题。

第三章　职业化转型背景下的成人高等教育课程体系的构建与实施

第一节　课程体系构建的思路

课程作为人才培养的载体，是成人高等教育的核心和落脚点。而目前普遍存在的成人高等教育培养目标与社会需求契合度不高、课程内容明显滞后于社会的发展、课程结构缺乏层次且与社会实践脱节、课程评价单一等诸多实际问题，制约了成人高等教育的发展，削弱了成人高等教育的效果。因此，成人高校更需要探究职业化转型背景下成人高等教育课程体系的构建，本节从课程体系构建理念、原则、逻辑起点、结构、路径探索等方面来探讨课程体系构建的基本思路。

一、课程体系构建理念及原则

1. 课程目标具有多元性和兼容性

当前科技的迅猛发展和劳动形式的急剧变革，使得原有的学科与行业之间的界限被打破，现代社会亟需复合型人才。面对这种形势，个体必须全面提高满足时代需求的职业素质，应对社会的各种挑战，实现个人的自我发展；各学科则应具有最新成就或前沿进展研究，以满足社会和个体的学习需求。为此，成人高等教育课程目标的设置应与社会的进步相适应，把社会需求、个体需求和学科发展需求统一起来，构建动态多元的目标体系，实现培养目标上"成人性、高等性、职业性"的整合。

成人高等教育作为一种高层次的继续教育与职业技术教育，它的课程目标必须为学历教育与非学历教育、正规教育与非正规教育、学校教育与短期培训等多元目标并举，允许学生将通过各类教育取得的学习成果通过规范认定折合成相应的学分，与学历继续教育的学分累积，进而获取学历文凭。学校应从继续教育发展的趋势出发，探索将不同教育内容折算成学分的质量标准及相关的操作办法，有步骤地、分期分批进行"学分银行"建设，实现同层次、同规格、同形式教育之间的学分互认和不同层次、不同规格、不同形式教育之间的学分兑换。[①]

2. 课程内容符合成人学习特点

由于成人学习者具有成熟的人格和一定的社会生活经验，并且要履行社会职责，所以他们学习锻炼的不仅仅包括创造性的智力技能，还包括职业道德和行为规范、思维能力、表达能力、团队合作力、继续学习能力、职业发展能力和实践能力等在内的综合职业能力。因此，成人高等教育课程体系应以技术能力形成和综合素质的培养为主线，构建符合成人学习特点的课程内容体系。[②]

具体来说成人教育课程内容应具备以下几个特性：一是适用性。基于成人在工作条件、学习需求、个人条件等方面的特点，课程内容首先应倾向于培养成人理解能力、逻辑思维等方面，减少单纯靠记忆或重复学习的部分；其次必须适应当时、当地特定行业、职业的要求。二是差异性。普通高校学生的知识层次和能力水平比较整齐，而成人学习者的知识层次和结构

---

① 温梅，温禹. 应用型人才培养视域下成人高等教育课程体系的构建 [J]. 中国成人教育，2016（12）：88-91.

② 王北生，姬忠林. 成人教育概论 [M]. 郑州：河南大学出版社，1999.

存在较大的差异。因此，成人高校应该增加课程内容的弹性，拓展他们的学习发展空间，发挥其学习的主动性。三是前瞻性。课程建设要具有一定的前瞻性，既要紧跟当代社会科技发展，又要站在成人教育的角度，不断更新内容，拓宽知识面。

3. 课程评价具有科学性和合理性

泰勒认为"评价过程的本质是一个确定课程与教学计划实际达到教育目标的程度"。成人高校作为地方专注应用型人才培养和培训的重要教育机构，建立灵活开放、客观公正、切合实际的评价体系是其课程实施的关键环节。[①]课程评价的科学性和合理性体现在以下几点：

其一是评价主体的多元化。应重视建立学习者、办学机构、用人单位和社会共同参与的多元主体学习评价模式。一方面，重视学习者的自我评价，采取自评与他评相结合的方式，使评价成为他们认识自我、激励自我、完善自我的一种方法；另一方面，重视以企业和社会用人单位为主体的评价方式，积极争取相关企业的支持和参与，认真听取他们对人才培养和课程体系设置的意见，有效地反映学习者的学习质量和存在的问题。

其二是评价内容的合理化。从应用型人才培养的角度看，评价在内容上不再只停留于课本知识点的简单记忆和简单理解，应结合专业学科发展方向，建立定性评价和定量评价相统一、形成性评价和终结性评价相统一的评价体系，充分体现理论知识和实践技能的整合。

其三是评价指标的科学化。要体现成人高等教育的特色，课程评价无需强调学业成绩和甄别、选拔功能，而要能根据结

---

① 沈金荣. 国外成人教育概论 [M]. 上海：上海科技教育出版社，1997.

果提出课程与教学有关的建设性意见。因此，指标设置要突出评估重点，目标具体明确、容易操作，对于各级指标的权重，要合理选择层次分析法、抽样分析法、德尔菲专家打分等方法并结合应用型人才培养过程的具体情况给予确定。①

二、课程体系构建的逻辑起点及结构

随着技术水平的提升、产业结构的调整、教育理念的发展，如何在智能化时代培养服务新业态、新技术、适应社会发展变革的人才，是成人高等教育课程体系的构建新一轮的思考，而审视课程体系的逻辑起点和结构是构建课程体系的必要准备。

（一）课程体系构建的逻辑起点

成人高等教育的逻辑起点是职业发展需求，与学术教育的逻辑起点不一致，其课程体系构建自然有所不同。成人高等教育课程的构建是沿着职业能力延伸发展的，旨在培养学习者的职业能力。它需要为区域经济社会发展提供满足不同职业、完成不同复杂程度职业活动的人才，而不同复杂程度的职业活动在教育培养上需体现出不同的教育目标和课程侧重，可以说课程内容需兼顾层次性和循序渐进性，体现出学习者的认知规律和职业人才的成长规律。

---

① 温梅，温禹. 应用型人才培养视域下成人高等教育课程体系的构建[J]. 中国成人教育，2016（12）：88-91.

（二）各层次通用的课程结构

1. 成人高等教育通用的课程结构

课程的本质就是在宏观上构建适应需要的课程结构，在微观上设计与目标相匹配的课程内容。通过对国内外三段式课程、模块化课程、学习领域课程、核心阶梯课程、一体化课程等各类课程结构和价值取向的分析研究可知，采取通用课程体系结构有助于成人高校构建满足自身培养目标的课程体系。

目前适用于我国成人高等教育的课程结构为：文化基础类课程、专业基础类课程、技术技能类课程和综合应用类课程。其中，专业基础类课程、技术技能类课程、综合应用类课程为专业课程，专业基础类课程、技术技能类课程为专业核心课程，各层次通用的课程结构模型如图 3-1 所示。

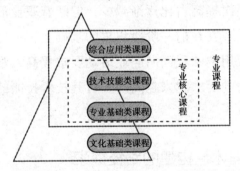

图 3-1　各层次通用的课程结构模型

文化基础类课程是与专业密切相关的自然科学类、人文社会科学类、艺术体育类通识教育课程，是为学生的专业学习和终身发展奠定基础的课程；专业基础类课程，是为完成职业活动、提高职业能力，起到基础支撑作用的课程，是依据职业教育人才培养目标，针对策略型技术技能在动态行动体系之中的不同要求构建的课程，能挖掘相关岗位职业能力发展的潜力和迁移力；技术技能类课程，是为学生完成职业活动必备职业能力而形成的课程；综合应用类课程，是为学生完成综合复杂的职业活动，提升学生综合能力、拓展学生的就业岗位和可持续发展能力而开设的课程。[①]

2. 课程结构的编排特征

课程结构中的各类别由于定位、功能的不同，在课程设置中的难度也有所不同。其中，文化基础类课程为培养学生可持续发展能力的基础，课程难度将逐步加大以满足学生的专业学习和终身发展要求；专业基础类课程是为完成职业所必需的、基础的课程，随着层次的提高、策略型技术技能的增强，占比不断加大，难度逐步提高，并且呈现出系统化的态势；技术技能类课程随层次提高占比逐渐减少，但随着职业活动难度逐渐增加和综合化，其在前一阶段积累的基础上，占比减少而难度增加；综合应用类课程面向职业活动要求提高，难度加大，对学生职业能力的要求越来越高，且对其技术技能的积累和复合也逐步明显。

三、课程体系构建的路径探索

（一）确立一个核心理念——倡导职业化教育理念

所谓职业化教育，是指"通过学习和培训，对学生或从业者进行职业认知、职业探索、职业定向、职业选择、职业生涯

---

① 王春燕. 我国现代职业教育课程体系的整体构建 [J]. 中国职业技术教育，2017（32）：48-51.

规划与职业实现（就业）等方面的教育与指导的过程。"以培养学生的职业意识和职业能力为重点，以形成职业基本素养为目标，注重人的职业性发展，强调培养学生良好的职业心理素质。

以职业化教育核心理念，课程体系突出职业知识获得和技能的培养，在成人学历教育、在职或非在职成人继续教育、正规学校教育、开放教育过程中重视教育与社会的广泛联系与引导；以培养企业和社会组织实际需要的技术应用型职业化人才为目标，打破专业限制，通过体系化、模块化的课程满足学生多层次、多元化的发展需求。

（二）明确一个基本定位——职业化应用型人才培养

人才培养是各高校的首要任务，普通高等院校人才培养模式以"知识"为导向，高等职业院校人才培养模式以"技能"为导向，过于注重"知识"或过于注重"技能"都可能造成学生社会适应力低、可持续发展能力弱等问题。为此，成人高校在职业化转型中，应该坚持职业化应用型人才培养的基本定位，走出一条既有专业高度又有职业宽度的路，这种定位也决定了我们要从职业教育的视角对传统教育模式进行应用性、职业性的改造。

职业化人才培养模式即基于岗位需求，以"职业素养、职业知识、职业技能"为培养目标的人才培养模式。应用型人才是一种复合创新型人才，区别于学术型人才的根本是有应用技术能力，能动手操作；区别于技能型人才的根本是有较强的专业理论基础，能在学科专业的基础上能动地解决实践中出现的问题。职业化应用型人才培养的定位既是学习者提升职业发展

能力的需要，也是学校服务国家战略和社会发展的需要。下图
3-2 为高等院校职业化教育培养要素，可作为我们进行职业化
应用型人才培养活动的借鉴和依据。

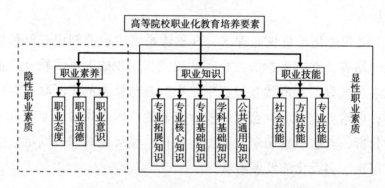

图 3-2　高等院校职业化教育培养要素

（三）构建一个课程体系——设置三阶梯专业课程体系

成人职业高校以就业为导向，以提升学生职业能力为目标，
针对不同学科的特点，构建多元化的职业化课程体系。设置
"职业通用能力、职业专业能力、职业应用能力"三阶梯专业
课程体系，提高专业融合能力、强化岗位适应能力，培养复合
型、多技能人才。将职业能力标准、企业需求、国家职业资格
和技术等级要求等内容嵌入课程体系，突出学历、技能与综合
素养的结合，实现课程标准与职业资格标准的融通，学历教育
与资格培训的融通。增强学生的兴趣，突出学生在某个专项职
能管理上的优势，设置"兴趣模块"，满足学生个性化学习需
求。强调专业和课程体系的优化，将课程模块化、菜单式，在
学分制基础上满足学生跨专业选修的多元化需求，探索学历、
非学历以及社区教育课程的融通。以能力本位教育观为指引，

以职业标准为导向的，构建理论与实践紧密结合的职业化课程模式。

（四）抓住一个核心保障——教师角色转换与能力提升

所谓的"教师角色"是指，处在教育系统中的教师所表现出来的由其特殊地位决定的符合社会对教师期望的行为模式。职业化转型背景下对教师角色的期待有所不同，要求教师要由传统的"教学型"向现代"应用型"转型，转换的角度可以涉及以下几个方面：教师与学生关系角度——从主导到引导；教师与课堂关系角度——从主角到配角；教师与课程关系角度——从被动到主动；教师与教学关系角度——从自我到反思；教师与社会关系角度——从封闭到开放。

在职业化转型过程中，理念、方式、角色都发生了变化，而这对教师的能力提升也提出了新要求。简单归纳可知教师特别需要着重提升以下能力：1.学习能力。无论是为了面授教学还是网络教学、职业培训，在这样不断发展的时代，教师都需要不断地学习，接受新事物、新方法、新技术；2.交流协作能力。无论是面对学生、教师团队、管理人员，还是政府、社区、企业与实践基地人员，教师都需要具备良好的交流与协作能力；3.课程设计能力。教师不仅要具有常规的课程教学设计能力，还要具有网络教学课程设计能力，特别是针对职业化课程的教学能力和针对企业培训的教学设计能力；4.教学的组织实施能力。面对职业化、多元融合的转型，教学手段的不断丰富，教师要具有教学组织实施能力，不能简单地复制别人的方法，而要结合课程内容，选择好方法并具备驾驭的能力；5.双师型能力。为了适应教学新体系的构架和服务政府、企业、社区，教师不能仅仅是"教师"，还应成为"职业师"，具备职业化转型的职业素养和职业技能，且每位教师都应该通过与学科相关领域的企业交流、参与项目研究开发等方式，努力使自己成长为一名"双师型"教师。

第二节　职业化转型背景下的成人高等教育"1+N"课程体系的实践探索

　　成人高校以在职从业人员为主要对象，以"文化补习"和"学历补偿"为主要任务，为培养地区行业人才和地方经济发展做出了贡献。但如何在职业化转型背景下转变传统办学模式，培养社会需要的高素质劳动者和技能型人才，是目前成人高校亟须探索的重要课题。课程体系作为办学体系中的核心因素，其职业化转型成功与否直接影响成人高校的发展进度。国内众多专家学者提出了不少课程改革的思路与方案，具体在借鉴和吸收多种课程体系优点的基础之上，提出了职业化转型背景下的既适应经济和社会发展需要，又符合高等教育内在规律和学生个性发展的"1+N"课程体系，并对其内涵和模式进行了探索，以期为独立设置成人高校向职业化转型提供一些借鉴。

一、职业化"1+N"课程体系教育目标定位与内涵特征

（一）职业化定义

所谓职业化教育，是指"通过学习和培训，对学生或从业者进行职业认知、职业探索、职业定向、职业选择、职业生涯规划与职业实现（就业）等方面的教育与指导的过程"。有学者认为职业化教育倡导的是以战略性教育（基础理论、多元智力）为主，以战术性教育（职业能力、单项培养）为辅，根据教育学和心理学的基本原理，以培养学生的职业意识和职业能力为重点，以形成职业基本素养为目标，注重人的职业性发展，强调培养学生良好的职业心理素质。也有学者认为职业化教育过程不仅强调专业知识的系统传授，也强调专业技能的系统培训以及专业素养的培养，或者说职业化教育是以职业素质综合培养为目标的系统教育过程。因此，职业化教育不仅强调系统的专业知识传授，更强调系统的专业技能培训以及专业素养的培养。由此可知，职业化教育不等于职业教育，职业化教育重在多元教育而不是单项培养。①

（二）职业化教育目标定位

根据职业化教育的定义解读，我们构建了职业化"1+N"课程体系，力求满足区域经济对人才的需求，探索以服务区域经济为目标的成人教育路径创新，不仅要培养具有职业专业技能的人才，更要培养具有职业素养和岗位适应能力的服务型人

---

① 姜玉莲，金琰. 职业化背景下成人高等教育"1+N"课程体系现状分析与实践探索 [J]. 北京宣武红旗业余大学学报，2015（2）：12-15,24.

才，并探索以"人"的职业发展为逻辑的职业化教育体系，关注成人一生的教育需求。

（三）职业化"1+N"课程体系教育内涵与特点

1. 职业化"1+N"课程体系教育内涵

由职业化定义及目标我们可以看出，职业化教育的路径模式以"成人—成才—成功"为主线，以职业化教育为核心，以培养职业专业技能、岗位精专能力为"1"个关键目标，拓展"N"项职业通用技能、岗位适应能力，提升职业综合素养与创新创业能力，也即职业化"1+N"教育路径模式（图3-3）。其中"1"是指培养具有某种职业专业化技能的应用型精专人才，即通过适应成人教育规律的培养活动，提升学员岗位胜任能力与职业专业技能；"N"是指拓宽学员的职业成长空间与通道，根据学生需求拓展多项职业通用技能、岗位适应能力。综上分析可知，"1+N"的本质目标是通过综合教育教学改革，提升职业综合素养与创新创业能力。

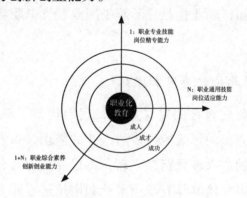

图 3-3 职业化"1+N"教育路径模式

2. 职业化"1+N"课程体系教育特点

由职业化"1+N"教育路径模式可知，其在本质与内涵上具有四个特点：

一是专业课程模块化。调优专业和课程体系，将课程模块化、菜单式，在学分制基础上满足学生跨专业选修的多元化需求，探索学历、非学历以及社区教育课程的融通。

二是教学方法多样化。根据成人学员特点，充分发挥其自主学习潜力，采用工作流程嵌入、实训体系构建、情景模拟体验、网络教学等多种方式，提高其学习应用效果。

三是教学团队专业化。以"双师型"教师培养、教学团队建设为重点，采用"专兼"并举的方式，打造具备良好师德、专业知识、培训技能和创新思维，适应学校功能拓展的师资人才队伍。

四是服务方式人性化。以"职业生涯规划＋学习规划互促"的方式，面向不同人群，以学习者为中心，提供个性化、便捷高效的学习支持服务。采取小班预约上课、一对一辅导、一站式咨询服务等个性化手段。

二、职业化背景下"1+N"课程体系构建思路

（一）职业化背景下"1+N"独立设置成人高校课程体系构建的理念

课程体系是指在一定的教育价值与理念指导下，对于课程各个构成要素按照统一的目标进行设计与组织，从而使各个课程要素在动态运行过程中统一指向专业培养目标实现的课程系统。课程体系由课程观、课程目标、课程结构、课程内容以及

课程活动方式等部分组成，课程观在其中具有核心作用。课程教学体系是否科学合理、各个环节能否协同和有效配合，直接影响到高校人才的培养质量。"1+N"职业教育融通课程体系能够打破专业限制，促进课程的体系化、模块化、组织化，是一种多层次、综合性、以职业岗位能力为本位的人才培养模式。

（二）职业化背景下"1+N"课程体系构建的原则、取向与模式导向

1. 总体原则

职业化背景下的"1+N"课程体系需要培养心智成熟、自主性强、目标明确、工学互补的成年人；要凸显职业特性，需要培养应用型和复合型人才；要坚守高等教育属性，需要培养高等学历和高技能人才。

2. 构建的特征

体现课程的实践性——工学结合；加强课程内容对工作的适用性——学用对接；适应学员的差异性，灵活安排课程——灵活高效；提高对成人学员学习内容的适宜性——个性多元；注重课程内容的前瞻性——动态开放。

3. 构建的价值取向

课程目标以应用创新为取向，以学生现在从事或未来从事的职业岗位、岗位群或特定领域的专业技术需要作为课程设计的出发点。课程内容以培养学生的能力为重点。这种课程体系的内容选择以学生所从事的工作岗位或所涉及技术领域对人才提出的能力要求为依据，打破了以学科为中心课程体系，构建结构化和模块化的课程。课程结构采取模块组合，课程实施采取校企合作，要求学校在专业设置、课程开发、资源利用、师资建设等方面充分进行行业、企业合作，同时兼顾学历与职业资格证书的衔接。

4.构建的模式导向

按照专业特色和职业化要求，可以分为目标导向、行动导向和就业导向等多种课程教学体系。其中，目标导向是把课程目标作为课程教学体系构建的起点和评价标准的终点，在课程教学体系构建中具有重要的核心统领作用。按照职业化特征，分别从宏观、中观和微观三个层面，以知识与技能、过程与方法以及情感、态度和价值观三维目标为导向设计课程体系。三个维度的目标在实践、评价、保障等层面形成科学、稳定的结构，从而可以相互交融，相辅相成。让学生在亲身实践操作中获得专业知识并掌握职业技能，在活动中建构学生完成职业工作所需要的知识、能力与素质，即职业能力。行动导向的课程体系分别满足了以能力为本位的职业需求、以就业为导向的社会需求和以终身发展为价值取向的个性需求。就业导向首先以岗位技能要求为主线，突出技能训练在课程框架中的主线地位；其次按照实际工作情境和任务来组织课程，在此基础上构建通用能力、专业核心能力和专业方向能力互相融通的课程体系。

三、职业化背景下"1+N"课程体系设置的探索

成人高校应，以就业为导向，以提升职业能力为目标，针对不同学科的特点，构建基于"1+N"理念多元化、职业化的课程体系。

（一）"职业通用能力—职业专业能力—职业应用能力"三阶梯课程体系

成人高校应设置"职业通用能力—职业专业能力—职业应用能力"三阶梯课程体系，提高学生专业融合能力，强化学生岗位适应能力，同时努力形成"以培养社会需要的应用型专门人才为根本任务，以高素质'双师型'教师队伍为抓手，以推进教学改革强化实践技能为突破，以个性化学习支持为支撑，促进学生学习成长"的专业特色，三阶段课程体系实施如图3-4所示。

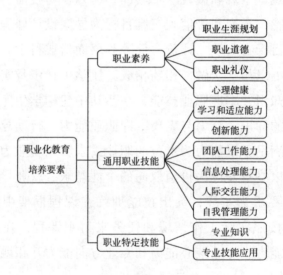

图3-4　三阶段课程体系实践

（二）"专业目标—岗位技能—工作流程"课程体系

"专业目标—岗位技能—工作流程"课程建设思路，根据专业人才培养目标，结合相关岗位职业技能和典型工作任务，按照企业相关岗位工作流程对课程体系重新整合，并根据教学规律及学时要求构建模块化课程系统结构。以计算机专业为例，课程体系包含四个模块，其中，公共基础模块设置基本科目，为学生专业学习和职业发展提供必要的理论基础；专业基础模块设置比较基础的科目，如，计算机网络基础、程序设计基础等，提供专业核心课程教学所需要的专业基础理论；专业核心模块所设置课程内容由职业岗位的典型工作任务转化而来，如，网页美工设计、网页动画设计、SEO 网站优化等，帮助学生胜任具体的岗位；专业拓展模块所设置内容包括网站营销与策划、商业文档写作、创业教育等内容，进一步提升学生的职业能力和职业素养，满足学生的职业生涯发展需要，拓宽学生发展空间和渠道，计算机专业模块化课程体系设置如图 3-5 所示。

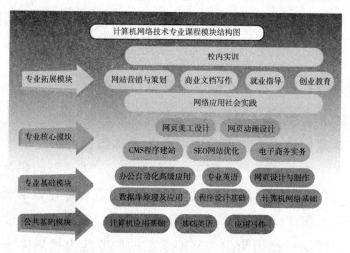

※公共基础模块：为学生专业学习和职业发展提供必要的基础理论
※专业基础模块：提供专业核心课程教学所需要的专业基础理论
※专业核心模块：由职业岗位的典型工作任务转化而来
※专业拓展模块：相近或相关领域课程构建的专业素质拓展模块

图 3-5 计算机专业模块化课程体系设置

（三）"学历+技能"课程体系与"校企合作"实践教学体系相融合

学历教育与职业资格培训融通是成人学校向"职业化转型"的重要途径之一。通过学历证书与职业资格证书这两类证书的衔接，采取学历证书与职业资格证书并重的培养模式，实现课程标准与职业资格标准的融通，实现学历教育与资格培训的融通，实现"一教双证"，是真正以能力本位教育观为指引，以职业标准为导向的理论与实践紧密结合的课程模式。进行课程体系建设和优化工作时，成人高校可以根据市场需求、岗位需求、学生需求，结合相应行业证书，积极调整课程设置、授课内容。比如，酒店管理专业设置的《酒店英语》课程，可以与旅游饭店英语等级考试实现"三对接"，即课程标准与考试标准对接、课程内容与考试内容对接、课程教材与考试用书对接。

（四）"基于人才目标"的课程体系

职业化"1+N"教学体系以"1"个专业为核心，以"N"项职业通识能力为拓展的职业化教学体系，可满足学生多层次、多元化学习需求。不同专业都可进行"1+N"的职业化教学实践。以幼教类专业为例，幼教类专业在职业化教学改革中的设计为职业性是"1"，高等性是"N"，在强调职业性的时候，要以岗位能力为主，兼顾学生的职业能力发展需求。另外，既要立足于学生岗位知识、岗位技能和岗位素养的培养，同时也要考虑到学生岗位的流动、职业生涯的发展，在培养中兼顾学生职业知识、技能和素养的发展。岗位能力是"1"，职业能力是"N"；以岗位能力为主的职业能力是"1"，人的素养是"N"。"1+N"人才培养目标如图 3-6 所示。

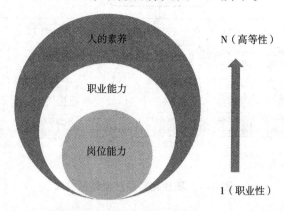

图 3-6　"1+N"人才培养目标

总体来说，职业化"1+N"课程体系以职业能力（岗位工作能力）培养为落脚点，强调高素质，提升人才的层次性。一方面，以岗位能力为主，但不局限于特定岗位，扩展到职业生涯；另一方面，是以职业能力为主，但不局限于职业，应扩展到人的全面发展。因此，职业化教育既要培养具有某种职业专业化技能的应用型精专人才，又要通过适应成人教育规律的培养活动，使学员提升岗位胜任能力与职业专业技能，拓宽学员的职业成长空间与通道，使学生获得多项职业通用技能、岗位适应能力。

四、职业化"1+N"实践教学体系的构建

由于职业化教育的特征，对其教学体系的构建更加侧重实践方向的探索，这样可催生以职业能力为本位的实践教学体系，包括"模块化—分层次"的实践教学课程结构、以岗位能力为核心的教学方法、评价方式，职业化实践教学体系模式见下图 3-7 所示。

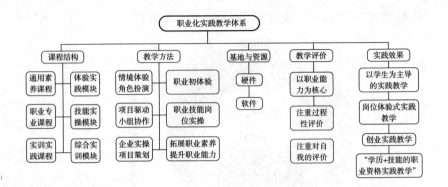

图 3-7　职业化实践教学体系模式

（一）实践教学课程结构

成人高校应实施课程模块化，注重学生的职业能力提升。具体来说，模块化是基于专业知识、规律、逻辑，依据市场需求与职业岗位对教学内容进行重新划分，将传统的课程划分为通用素养课程、职业专业课程、实训实践课程三类课程。分层次是将三类课程分别划分为三个实践层次，即体验实践模块、技能实操模块、综合实训模块。体验实践模块主要让学生对基础知识进行认识和体验，开启职业的初体验。技能实操模块是将各专业知识应用到实践探索中，强调技能的实践与形成。综合实训模块强调学生的综合实践能力。

（二）实践教学方法

成人高校应采用灵活多样、满足个性的教学方法，以岗位能力为核心，注重实操，注重学生的职业发展，同时依据实践课程的三个层次，统一安排实践教学活动，并确保每个实践层次通过改革教学内容、创新教学方法，构建实践教学模式。体验实践模块主要采用情境体验、角色扮演等方式，帮助学生完成对基础知识的掌握和对职业的初体验。技能实操模块主要采用项目驱动、小组协作等方式，引导学生学习各专业的职业技能，进行岗位实操。综合实训模块主要采用企业实操、项目策划、毕业设计等方式，组织学生进行综合实践，拓展职业素养，提升职业能力，实现职业发展。

（三）实践教学评价方式

实践教学的考核评价以职业能力为核心，注重过程性评价，也注重对自我的评价，以学习是否学到了与岗位相关的知识，是否掌握了胜任岗位的技能为评价标准。实践教学知识方面不单纯以考试和学分来衡量评价，而主要依据学生的知识理解和运用能力、逻辑思维能力和实际操作能力等进行评价。考核评价标准可增加企业和社会考核，且考核标准中可增加职业资格等级考核，以使实操教学与取证对接，促使学生在学校学到的实践知识与行业接轨，最终使其拥有行业认同的专业职业岗位能力。

（四）实践教学效果

在教学实践中发现，学生对职业能力为基础的实践教学课程比较满意，尤其是四个项目最受欢迎。一是全程以学生为主导的实践教学。综合实践课全程是学生动手，他们通过自主学习，在实践中发现问题，解决问题，提高了参与性，提升了职业自豪感。二是岗位体验式实践教学。依托学生所在岗位实施实践教学，学生将学校所学的与岗位密切相关的知识直接运用到岗位上，可提升岗位能力，提高对职业的认同感。三是创业实践教学。学生在学校里练习创业，实践创业，可消除对创业的负面情绪，为走出校门创业发展积累知识与经验。四是"学历＋技能"的职业资格实践教学。在实践教学环节设置技能取证模块，将专业知识与取证知识深度融合，设置职业技能资格证书相关的实操考试，使学生既能够学习专业知识又能够拿到业内的职业资格证书，增加职业岗位竞争力，提升职业能力，拓宽职业发展道路。

上述内容以能力本位为原则，结合时代发展与教学实践，从实践教学课程结构、实践教学方法、实践教学基地与资源建设、实践教学评价方式、实践教学效果五个方面建构了能力本位的成人高校职业化实践教学体系，以期为成人教育改革发展积累经验。

总之，职业化背景下成人高校需要基于职业化教育的目标，以职业化"1+N"教育路径模式为理念，根据成人学习的特征和不同学科的特点，进行课程体系建设。

第三节 基于"融通"理念的成人高等教育模块化教育策略

高等职业教育课程体系的改革是高等职业教育教学模式改革的关键之一，它的基本任务就是在研究就业和创业对学生能力需求的基础上，分析能力的知识性结构特征，根据知识转移和认知学习的基本规律，构建相互关联的知识模块；通过合理的教学平台和教学方法，帮助学生构建自己的能力体系，促使学生就业和创业能力的形成和提高。基于上述需求和任务，我们在对国内外成人高等教育人才培养现状进行分析的基础上，从"融通"的视角研究了成人高等教育教学体系的变革，并提出了模块化教学模式的构建和实施策略，以期从"融通"的视角，以应用创新为定位，在教学内容上以能力为本位、在教学结构上进行模块化教学组合、在教学实施途径上加强校企合作，从而不断满足国家对技能型、复合型高素质人才的需求。

一、基于"融通"理念是职业化背景下成人高等教育发展的现实需求

随着技术的日新月异，成人在职业生涯历程中将面临多次岗位的更换，这要求教育机构，特别是职业院校承担着不同类型、不同层次的职业教育与培训任务，并为不同的学习者提供不同的培训与进修课程。

根据成人高等教育人才培养的目标，亟须构建培养适应岗位能力和创新能力为核心的各种系统的职业化教育活动，即培养具有某种专业化技能的实用性人才，这也是职业教育最基本的目标，如，调酒师、会计师、计算机编程人员等。但按照当前职业岗位需求和技能人才发展需求来看，光有职业化技能还不够，还需要在各个方面拓展：可以是职业技能多种形式的教育活动，如，课程学习、项目培训、职业体验等；可以是职业素养与素质培养的各种拓展活动，如，团队合作拓展、培养执行力等；可以是职业能力的各种体验活动，如，创业指南、就业直通车等。概而言之，就是围绕岗位适应和创新能力，以提高岗位技能、素质和能力为导向，进行正式的职业技能教育活

动和各种非正式的拓展、体验活动，从而形成一个多位一体、和谐互动的职业化教育融通体系，如下图3-8所示。

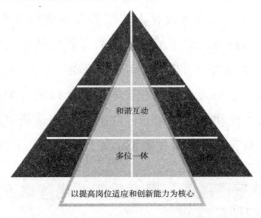

图3-8 职业化教育融通体系

具体来说，在成人高等教育融通体系中，重点是做到"纵向贯通""横向融通""外部联通"。其中"纵向贯通"就是打破学历层次限制，推动中职与成人高等教育、大学以及研究生等各层次职业教育纵向衔接；"横向融通"就是推进普通教育与成人高等教育的双向沟通，探索建立学分积累与转换制度；"外部联通"就是适应终身学习需要，坚持学历教育与非学历教育并举、全日制与非全日制并重，健全劳动者终身职业培养体系。

二、模块化教学内涵及特征

（一）模块化教学内涵

模块化教学是20世纪70年代由国际劳工组织研发出来的一种教学模式，模块化教学体系将学生专业能力培养当作目标，将"项目化模块"当作教学基本单位，以典型的工作过程为依据，将工作过程中所涉及的知识和技能按照一定的工作单元加以分析和整合，同时构建针对工作单元需要的知识和能力模块，再根据工作单元之间的内在联系对知识和能力模块进行结构化安排，通过加减单元和变换组合，来革新教学内容，整合专业方向，构建完整的课程内容体系。国内外的实践经验表明，模块化教学有利于学生学习能力、技术应用能力、创新思维能力的培养，可促使学生实现能力和素质的协同提高。[①]

具体来说，模块化教学内容包括以下几方面：首先，对劳动力市场进行需求分析，确定劳动力市场现实和潜在的需求；其次，从岗位职业能力分析，把综合职业能力确定为对应专业技能；再次，从岗位职业操作技能需要出发，把教学分析和设计组成对应模块；最后，以模块的实际需要，选择合适的教学方法、教学组织形式和教学手段、考核方式来组织教学。可以说，模块化教学模式不仅针对学生所要掌握的理论知识和操作技能，构建相应理论和实践教学模块，而且打破了学科教学的系统性与完整性，强化了针对性。

（二）模块化课程特征

模块化课程是在职业分析、课程分析、教学分析的基础上，将教学内容按一定规则与标准分成若干门课程而组成的教学模块，它具有以下特征：1.衔接性。单个的课程模块并不能自成体系，只有与其他模块结合起来，才可以构成课程体系，这就

---

① 丁涛，黄春兰，曹基梅. 能力导向的高等职业教育模块化课程设计——以连锁经营管理专业为例[J]. 高等职业教育（天津职业大学学报），2010（4）：51-53.

要求各个课程模块具有可衔接性才可以自由地组合。2.独立性。每一个课程模块都有自身的教学目标、教学评价要求和规定的学分，有独立的考核要求与评价标准。每一个模块是相对独立的，每学完一个模块可以获得相应的知识、技能和能力。3.针对性。每一个模块都不以学科为中心，不强调知识的系统性与完整性，而以技能或能力训练为中心，组织课程结构内容，具有较强的针对性。4.综合性。每一个课程模块所蕴含的内容不是某一方面的，而涉及多方面的综合知识。同时，有些技能或者能力的获得与形成有赖于几个模块的综合教学，从这个意义上说，课程模块具有综合性。[①]

（三）模块化课程分类

一般来说，一种模块化课程体系大致由四个大类模块构成，其中每一个大类模块根据知识、素质、能力以及实验、实训、工学结合要求的不同，可以分成若干个小模块，也可以称为子模块或者一级模块、二级模块、三级模块等。具体四大类模块包括：1.基本素质大类模块。这个模块的主要内容包括人文基础和公共基础知识、思想道德素质和心理素质等方面的知识，着重培养学生的语言文字能力、合作能力等综合能力。2.专业基础大类模块。这个模块主要包含本专业的公共基础知识，其主要目的是为学生未来职业发展打下牢固的基础，以提高学生的职业适应能力和再就业能力。3.职业定向大类模块。根据专业岗位群的设置，针对具体职业岗位的工作技能设置教学内容，培养学生的创新能力和思维能力。4.能力拓展大类模块。

---

① 卢文涛，李树德.高等职业教育模块化课程体系再探讨[J].当代教育论坛（管理研究），2010（8）：120-121.

根据学生的兴趣、爱好以及可持续发展的要求设置同一大类专业内的相关知识、课程或者是跨专业设置若干门课程，组成能力模块，在此基础上，通过对能力拓展模块的学习，学生可以拓宽知识面，获得多种能力，成为复合型的人才。[①]

三、成人高等教育模块化教育体系的构建思路

（一）建立模块化教学的课程观

课程观，是人们依据一定的哲学观、教育观以及心理学、社会学、技术学等方面的认识所形成的关于课程的基本观点和一般看法，是课程开发和管理的指导思想。要建立成人高等教育模块化教学的课程观，我们重点强调四个方面的认识。

1. 能力观，即模块课程的目标是培养职业能力

尽管职业能力这一概念出现频率非常高，但传统课程基本上还是知识体系，极少体现职业能力培养目标。以职业能力为目标不是口号，而是要在各个环节上紧紧围绕这一目标来设计课程，如模块课程目标的描述，要明确指出预期学生"能够做到什么"。

2. 结构观，即强调模块课程结构的整体设计

传统课程的问题通常为过分强调学科体系，支撑学科课程的土壤是三段式课程。因此，要严格按照工作结构来对课程及课程之间的逻辑关系和课程体系进行整体规划，采取模块式课程结构，建立"能力范型"课程体系。

---

① 同卢文涛,李树德.高等职业教育模块化课程体系再探讨[J].当代教育论坛(管理研究），2010（ 8）：120-121.

3.综合观，即综合运用相关操作知识、理论知识和工作态度来完成工作任务

要先把工作体系分解成一个个具体任务，然后通过分析完成这些任务所需的知识、技能和态度来确定模块课程内容。模块课程的基本思想是综合，即重点关注如何综合运用所获得的操作知识、理论知识、工作态度来完成工作任务。

4.结果观，即以典型产品或服务为载体使工作任务具体化

通过工作分析所获得的"工作任务"是形式化的，模块课程强调在课程内容设计中要进一步选取通过完成工作任务所获得的典型产品或服务来使之具体化。在教学过程中强调先呈现工作任务，理论知识、操作知识的学习和工作态度的形成是建立在完成工作任务的基础上的。①

（二）模块化课程开发要点

模块化教学模式改革的关键和难点是模块的构建，在模块构建过程中既要考虑到教学内容体系的重建，又要对岗位群的职业能力进行分析，从而制定相应的项目模块。开发的要点主要包括：第一，关注学生的职业能力，是成人高等教育模块化教学课程开发的关键，同时也是教学实施的关键，对学生未来职业的形成和发展具有极大的促进作用；第二，注重现场专家的参与，对于课程开发和整个职业技术知识的形成以及未来职业活动的规划具有指导作用，因为现场专家不同于课程专家和教师的最大特点是实践性，而且其能更好地、更有针对性地指

---

① 曾宪章.论高等职业教育模块式教学模式的构建[J].教育与职业，2007（21）：100-101.

导职业实践活动；第三，课程序列化，主要是课程内容的序列化，而不是指学科逻辑顺序化；第四，坚持"教学做"合一，实现课程教学同职业活动相结合；第五，矩阵式结构对于模块课程的开设具有重要作用，人们可以根据实际情况和不同的课程模块，采取矩阵式结构；第六，教学由易到难，这是一个循序渐进的过程，这个过程的重心不是以知识的难易为最佳衡量标准，而是以工作任务的重要性和难易程度为标准，教师可根据教学程序，让学生从知识到操作，由易到难，循序渐进，周而复始。[①]

（三）基于"融通"理念的成人高等教育模块化教学模式的特征

模块是围绕特定主题或内容的教学活动的组合或教学单元，在内容上多元化，既包括单一课程，也包括若干相近、相关课程组合；在形式上多样化，可测量化，可评价形成学分。基于此，我们认为基于"融合"理念的成人高等教育模块化教学模式核心是"宽基础、活模块"，即在以人为本理念指导下，根据相关专业职业教育的培养要求，开展模块化教学，灵活、合理地开设不同的模块课程，在培养学生宽泛的基础人文素质、基础从业能力的同时，有针对性地培养其合格的专门职业能力。[②]

"融通"理念下的成人高等教育模块化教学模式以能力本位

① 童瑶.高等职业教育模块式教学探究[J].南京广播电视大学学报，2011（4）：35-38.

② 李海涛.模块化教学条件下课程体系的构建[J].四川职业技术学院学报，2007(2)：82-83.

为指导思想，注重"纵向贯通""横向融通""外部联通"，具有以下四方面的特征：第一，教学目标是应用创新，其可倒逼培养模式改革和教育教学改革；第二，教学内容以能力为本，与生产建设一线对口"接地气"；第三，教学结构是模块组合，灵活合理的模块搭配，有助于培养学习者更加专业的职业能力；第四，教学实施途径是校企合作，让企业全方位、深度参与成人高等教育全过程，包括人才培养方案、培养目标的制定，专业与课程的设置与开发，教育教学质量的评估等，推动产学研一体化发展。

（四）模块化课程构建的基本思路

模块化课程是模块化教学得以进行的物质基础，而模块化课程体系的构建直接影响人才培养目标的实现和人才培养质量的高低。因此，模块化课程构建需要遵循下面的基本路径。①

1. 充分的调查研究，确保模块化课程体系内容的针对性

在构建模块化课程体系时，要分析经济政策与教育战略，主要考察实际工作环境、雇主、雇员、劳动大军现在与潜在的成员，区域经济发展与社会文化政策，同时考虑政策制定者在社会、文化和教育领域中的价值观念和目标，分析劳动力市场，分析人口状况、劳动力市场的供求差、正在形成的新职业及其发展趋势等，并要深入产业界进行岗位职业调查，根据岗位的工作内容，进行岗位所需能力结构分析，从而确定各个模块相应的知识、素质、能力要求。

---

① 龚小勇. 就业导向的模块化动态课程体系构建及实施[J]. 职教论坛，2005（30）:14-17.

2. 制定课程模块标准，确保模块化课程体系的科学性

准确的课程模块标准既是课程教材的编写大纲，也是课程实施的教学大纲。因此，制定良好的课程模块标准，是模块化课程体系评价科学性的保证。制定课程模块标准就是指根据课程模块的能力目标体系，围绕各个分目标，确定各个模块学习单元的教学内容、教学方法、教学指导、教学时以及实施条件等，同时针对课程模块目标，设定考核要求、标准以及考核方式，以保证课程模块在实施过程中得到贯彻。

3. 科学设置课程模块内容，确保模块化课程体系结构的科学性和合理性

建立课程结构就是根据基本素质模块、行业基础模块、职业定向模块、能力拓展模块的框架及内涵，从总体的培养目标出发进行模块课程设计，具体来说就是根据能力和技能培养的需要，按照《国家职业标准》和行业标准的规定，确定具体设置的模块课程名称及目标。同时，模块化课程体系的结构层次可以按照一级模块、二级模块、三级模块等多梯度划分，每一个模块尽量具体详细，让学生有更多的选择。

四、模块化教学模式实施策略

（一）实施过程

成人高等教育模块化教学模式的运行是一个系统而复杂的过程。基于一定教学条件和运行机制的调控，该模式的教学主要配合双证考核、双师授课和产教结合的方法，且与教学实践相配合共同完成模块化课程内容运行，内容运行过程如下图

3-9 所示。

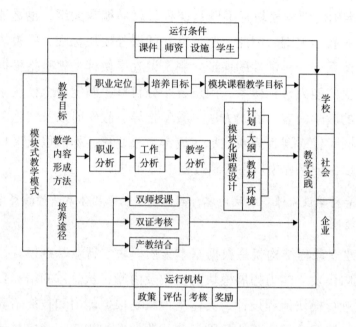

图 3-9 模块化课程内容运行过程图

    模块化教学模式的实施具有一定的计划性和程序性。它是在各模块教学计划、教学环境、教学手段、教学方法、教学资源等都得到很好地计划和准备的前提之下，再指导学生的学习计划，并根据学生的个性特点和需求采用不同的教学方法和教学手段，在一定的教学环境中充分利用已有的教学资源展开教学。这种教学模式是一种注重学生自我评价的课程教学方式，对学生进行的考核评价具有多样化的特点，教学实施过程如图3-10所示。[①]

① 童瑶.高等职业教育模块式教学探究[J].南京广播电视大学学报,2011(4):35-38.

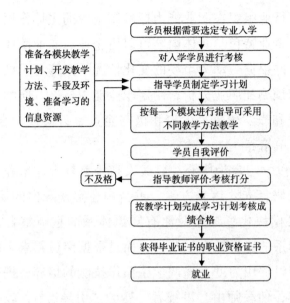

图 3-10 成人高等教育模块化教学模式实施过程

（二）实施策略

激励与制约相结合的管理机制是适应模块式高等职业教育教学模式运行的保障机制。激励机制的建立和完善是一个长期的、需多方面共同努力才能正常运行的系统工程，而教学过程管理是建立和完善激励机制的重要途径。

一是教学工作的重点要放在训练学生的实际工作能力上，实行学历证书与职业技能证书并重的教育制度。建立课程类型模块化与自由选课、自主学习兼顾的约束机制，并对学生在工作和生活中获得的相关专业技能在考核中予以承认。

二是加强校企合作，深化与行业协会、企事业单位等产学相结合的合作办学模式，以行业组织为主参与制定的职业能力标准和国家规定的统一证书制度为依据来设置相关专业和课程，发挥行业组织在职业能力标准制定中的主体作用，真正体现行业、企业特色。具体内容可以由企业、专业团体、学校联合制定，并根据劳动力市场的变化情况不断修订。做好行业的就业需求预测和职业分析，制定职业能力标准，向学校提供专业、课程和教学依据。学校积极与企业签订协议，合作办学，实行"订单培养"。

三是以学习者为中心，以成人高等教育人才培养目标为依据，重新修订人才培养方案，重新构建实践导向的课程体系。学习项目模块化意味着对原有知识体系的重新整合，不再强调知识体系的连贯性和系统性，而是根据岗位需求来确定知识点，坚持以够用为度，强调学生操作技能的培养，提高学生的学习兴趣，使教师由"讲授者"变为"引导者"，教师边指导边讲授，学生边操作边学习，学生在操作过程中学习相应的知识点，可达到事半功倍的效果。基于学习者职后教育需求，提供最有价值的课程内容，形成合理的课程内容组织结构，加大课程体系中实践教学的比例，制定专业实践教学内容和标准，制定符合学生能力发展需要的实践教学方案，强化学生职业素养和相关职业能力。

四是按照职业教育的特点和人才培养目标要求，有计划、有步骤地组织与推进专业与课程教学改革。按照"横向归并、纵向衔接"的课程设置原则，在横向上对同一层次相近课程进行归并；在纵向上做好中职—成人高等教育—大学一体化设计，形成人才培养平台。适应"技能型人才"和"专门人才"培养的要求，减少抽象的、纯理论叙述性内容的比重，提高应用性教学内容的比重，加大技能类课程、职业相关课程以及实践性教学环节的比重，不断推进课程体系的动态调整和整体结构优化。

五是建立高素质的、专兼职相结合的职业教育教师队伍，同时基于模块式的高等职业教育教学模式的实施还需努力打造一支"双师型"人才队伍。"双师型"是指该类教师应既具有丰富的理论知识、实践指导能力和专业指导经验，同时又具备较高的教学水平，能很好地指导学生的理论教学和实践教学。因此，该类教师在教学中既扮演讲师的角色，同时又具有工程师的身份。各成人高校需加大"双师型"教师培养力度，提高行业、企业中具有丰富实践经验和较高理论素养的"企业行业专家"担任教师的比例。

六是采用任务驱动、仿真教学、演示教学等多种教学方法授课。根据模块化教学模式的特点，在授课过程中应灵活运用理论讲授、仿真操作演示、实践操作、小组讨论等多种教学形式。每个模块都设计了与典型工作任务结合的学习任务，课前教师给学生布置任务，学生通过查阅相关资料以对工作任务进行初步的了解，从而做好课前准备工作，课前准备极大地提高了学生自主学习的能力。课上教师将实践任务按组分配给学生，学生因为通过课前准备环节已对所学知识有了初步的认识，所以可将教师布置的任务按步骤逐一完成，并在完成任务的过程中掌握所需的知识及技能，培养其自身分析问题、解决问题的能力和协调合作能力。

第四节　职业化转型背景下的成人高等教育教师队伍建设

近几年来，职业化转型成了整个成人高等教育转型的基本取向。成人高等教育对象以成人为主，层次多，且学员个体差异大，在成人高等教育转型时期，要促使其持续、稳定、快速地发展，作为成人高等教育的主力军，教师的转变及其队伍质量建设就成为实现成人高等教育目的、组织和实施成人高等教育教学活动的关键。本节内容基于我国成人高等教育教师队伍的现状，并根据成人高等教育教师应具备的素质和需履行的职能，提出了提高成人高校师资队伍素质的建议。

一、职业化转型背景下的教师队伍建设的必要性分析

（一）成人高等教育发展的必然要求

加强教师队伍建设是高校一项重要的基础建设，是提高成人高等教育质量的工作主题之一。

从宏观社会背景层面来看，随着社会经济的快速发展，科学技术的日新月异，产业结构的变革和调整，当前社会中的新行业、新职业、新岗位不断产生，这些变化对成人高等教育发展也提出了新的需求。而成人高等教育规模的扩大必须与其质

量的提高相统一，这是成人高等教育得以生存与发展的生命所在。要做到这一点，加强教师队伍的质量建设则成为关键。

从成人高等教育教学工作的特殊性来看，提高教师素养是成人高等教育教学素养是重中之重。相比普通高等教育，成人高等教育在教育对象、教学内容、教学方式、教学过程等方面都有自身的特殊性。第一，教育对象的成人性。成人高等教育学生多数为在职成人，他们社会生活经验丰富，学习目的性较强，学习更具有专一性、针对性。第二，教育内容的针对性。成人的学习主要是针对现实的职业发展要求或问题，其希望通过学习直接、有效地提高工作能力。第三，学习者的差异性。由于成人的家庭背景、社会环境、人生经历不同，且各方面经验的质与量存在较大的差异，在成人高等教育中，教师要因材施教。成人高等教育教学的特殊性决定了教师工作的复杂性和挑战性，而在实际教学工作岗位上，教师能否适应成人学习的多样化要求，取决于自身的素质和水平的高低。因此，要使成人高等教育能健康快速地发展，必须加强教师队伍建设，提高成人高等教育质量。①

（二）职业化转型背景下的现实需求

相比普通高等教育，成人高等教育的师资队伍较为薄弱，而成人高校职业化转型的发展又对教师队伍的质量、结构、适应性等方面提出了更高的要求。因此，成人高等教育教师队伍向更高质量发展就成了必然趋势。

从具体需求来讲，应调整和提高教师队伍的整体职业素质

---

① 刘立浩.论普通高校成人高等教育教师队伍的建设[J].成人教育,2004(7):32-34.

与能力。成人高等教育向职业化转型，势必要求教师具备促进成人学生职业发展的职业素质和能力，包括职业知识与素养及职业实践教学能力。具体来说，职业知识与素养，即促进成人学生职业发展，与岗位专业密切相关的职业通用知识与素养、职业专业知识与素养；职业实践教学能力，即与应用型人才培养相适应的职业教学实践技能，包括职业课程教学设计与实施、职业教学设计、实训教学设计与实施、企业工作实践经验、职业资格技术技能及职业实践教学评价等。

（三）互联网背景下的时代需求

随着信息技术的不断发展，新的知识、理论、方法也层出不穷，这些都对成人高等教育教师的教学能力、素养提出了新的要求。

其一，成人高等教育教师专业化发展。"互联网+"在 2012 年被提出后逐渐成为各行各业创新发展的新引擎，成人高等教育领域也不例外。互联网的开放性、虚拟性、移动性和交互性使得高等教育的教育理念和教学方式发生了深刻变革，同时也为成人教育教师教学质量提升、教师自身能力提高带来了新的挑战和机遇。因此，在"互联网+"时代背景下，找出当前我国成人高等教育教师专业化发展存在的问题，探索出能促进其教学能力提升的有效策略，成为当前亟待研究的重要课题。

其二，提高教师有关信息技术与教学融合的科研及教学能力。随着互联网技术在各行各业不断推进与发展，将成人高等教育的发展与互联网技术紧密结合，充分发挥互联网技术的优势来服务于成人高等教育的发展成了成人高等教育发展的必然趋势。这要求教师与时俱进，学会利用网络技术，开发和利用网络课程资源，并加强对学生信息能力的培养，有效提高成人高等教育教学质量，同时这也是现代化成人高等教育的必然选择。

二、教师队伍建设措施

高质量的师资队伍是成人高等教育持续健康发展的必要条件，为此，必须大力推进成人高等教育教师队伍和管理队伍的专业化建设，采取切实有效的措施，建立和完善成人高等教育教师工作激励机制，调动广大教师参与成人高等教育教学工作的积极性和创造性。

（一）加强教师角色和职能的转变

网络技术在课堂教学中的应用改变了传统的成人学习模式，使更多学习者可以享受优质的学习资源，为成人教育的发展提供了新的方向，同时这种变化和需求也促使成人高等教育教师加快了职能转变和角色调适。

1.教师角色转变

成人大学生的年龄分布、职业状况、原有学历和专业、入学动机等都存在很大差异，这导致学习目标、学习方法、学习条件，甚至于学习者的心理、学习效果也有了很大改变。另外，网络技术的革新、网络资源的丰富都可在一定程度上弱化教师的角色。所以，学校有必要以"自主学习"的学习观为基点，转变教师的角色。

第一，教师应成为学习兴趣的激发者。教师在教学过程中应当结合成人学生学习的特点，激发他们的学习兴趣。学生在刚开始学习某一课程时或学习了一段时间后，会对学习这门课程是否有用产生疑问，尤其是对于基础课的学习。因此，教师必须在开课伊始向学生阐明本课程的内容框架、与其他课程的联系以及在工作实践和生活中的应用方法，使学生了解所学课程内容和价值，明确课程学习的关键问题有利于学生主动地进行学习。

第二，教师应成为学习资源的开发者。教材、练习册等学习资料曾是教师教学和学生学习的主要资料，但随着网络资源的丰富，学生学习资源也更加新颖、多样。成人高等教育的教师要充分利用现代化教学手段，开发适合成人学生学习的图文并茂的数字化教材，提高学生学习和实践的效率。此外，教师可以向学生提供相关课程内容的学习网址，着力研究成人高等教育的教学规律，根据学生的需求和问题，引导学生利用网络汲取营养。

第三，教师应成为问题意识的启发者。成人学生思维较活跃，加之已有一定的社会阅历和经验，往往把解决生活、工作或其他社会实践中所遇到的某些具体问题当作学习目标，也希望带着更多的问题去思考。因此，在教学过程中，一方面，要根据成人学生的特点，教师要扮演好提问者的角色，启发学生进行探究和思考，充分发挥学生的主体性；另一方面，要鼓励学生在学习和实践过程中，发现问题、解决问题，充分调动成人学生的学习主动性，唤起他们的创新意识，提高他们的学习效果。①

2. 教师职能转变

第一，构建以学习者为中心的交流对话模式。传统成人高

---

① 张晓青，蒋意春. 浅论成人大学生自主学习与教师角色的转换 [J]. 教育与职业，2006（27）：184-185.

等教育中，教师占据教学的主导地位，课堂教学呈现为以教师为中心的模式。但在当前的背景下，一方面，成人学习的内容贴近工作和生活的前沿，注重实用性和实践性，另一方面，网络技术的运用可以将学习者纳入案例场景，调动学习者求知的积极性，提高其解决问题的能力。因此，教师的课堂教学组织不再是传统的"一言堂"，而是从以教师为中心转变为以学习者为中心。教师需构建以学习者为中心的交流对话模式，通过网络平台组织在线讨论、交流、沟通、对话，包括师生互动、生生互动，对学习者进行个性化、有意义的指导，拓展学习者的思维能力；教师要了解和综合分析学员的学习心理、学习过程和发展状态，并对实践中遇到的问题进行探究。

第二，注重课堂组织策划和设计技巧。在以往的课堂上，教师掌控着教学内容，是整个课堂的中心，扮演着知识传授者的角色，同时通过搜集素材，为课堂教学的实施提供保障，学生则没有学习的选择权、主动权，真实的需求或问题不一定能在课堂上达到满足或解决。但在教育目标向职业化转型的背景下，教师应遵循成人学习的特点，注重课堂组织策划和设计技巧，为不便集中上课学习的学生提供自我学习的平台。例如，以学生现实的问题或需求为出发点，以要锻炼的技能或培养的能力、素质为教学目标，对学习内容进行合理分布、科学整合和切割，对网络资源快速识别、处理、利用，等等。教师要从传统教学中的知识灌输者转变为当下课堂教学的策划和组织者。①

第三，从个人教学走向团队教学。传统教学模式下，教师

---

① 何全旭. 慕课视野下成人高等教育教师职能的转变 [J]. 中国成人教育，2018（17）：138-141.

独自掌控课堂，而现在所教授的内容和所使用的教学方式更加多元化，教师只有从个人教学转向团队教学才能促进更多的知识共享以弥补个人知识结构不合理的缺陷，使得教学内容和方式能更贴近成人学生获取职业能力的需要。比如，在团队中，不同的教师根据自身优势担任不同角色，包括主讲教师、辅导教师、教学过程研究教师、研讨助教等，团队成员各司其职，共同实现课程的教学、管理和优化。

（二）提高教师专业素质

教师专业化是世界教师教育的发展趋势和潮流，成人高等教育教师的专业化也势在必行。按照专业化建设的一般要求，普通高校成人高等教育教师应具备如下几方面的素质。[①]

1.知识素质

第一，所任教学科拥有扎实的基础理论和实际应用知识的能力。成人高校教师要成为实现成人与"高、深专门知识"之间的媒介和协助者，首先应具备扎实的专业基础理论和所教学科有关的生产技术知识，只有这样，教师才能引导成人学员在掌握学科基础理论、基本概念和基本规律的前提下，形成能够适应多种职业、职务需求的能力。

第二，与所教学科有密切联系的相关学科的基本知识。面对综合化的成人高教课程，成人高校教师的教学内容往往要涉及社会效益、经济效益、自然资源、能源交通、人口激增和社会健康等问题。因此，成人高校教师也应对这些内容有所

---

① 张亿钧.普通高校成人高等教育教师队伍建设的思考[J].中国高教研究，2005（12）：57-58.

积累。

第三，成人高等教育理论知识。由于教育对象的特殊性，教师有必要掌握和了解成人教育理论、成人学习理论、成人教学法、成人教育技术等方面的知识。

2. 能力素质

第一，教学能力。成人高校教师的教学能力应包括：①运用学科知识和学问分析处理教材的能力；②较强的组织管理教学能力；③规范的口头和书面表达能力；④优化组合教学方法的能力。

第二，科研开发能力。成人高等教育学校教师的科研开发能力主要包括两个方面：①指导或参与学员技术革新、工艺改造和产品开发，即发挥直接加速科学技术转化为生产力进程的作用；②进行旨在满足成人学习者多样和多变需求的"项目开发"，即设计成人高校培训方法、编制成人高校课程和编写教材等。"项目开发"实际上是直接为社会进行人力资源的开发，因而具有重要的现实意义。

第三，治学能力。成人高等教育教学内容的"高深"总是与开发与应用的现时性和超前性相联系的。因此，适应社会经济结构、科技结构和产业结构的变化是成人高等教育科学内容的显著特点之一。成人高校教师必须不断更新知识和调整知识结构，以适应新学科、新课程教学，并不失时机地更新和充实课程和教材内容。

3. 职业道德素质

第一，热爱成人高教事业。忠于成人教育事业是成人高校教师职业道德的核心。成人高校教师要经常深入社会、企业、学员单位调查研究和沟通情况，而且不仅要到外地进行高强度高密度的集中面授，还要带领学员进行生产学习和毕业设计。

第二，以身作则，为人师表。教师的一言一行都会给学员留下深刻的印象。教师不仅要指导学员掌握"高深专门知识"，并在政治方向上引导、影响学员的心理与道德面貌，使他们健康发展，还要在各方面成为教育对象的表率。

第三，诲人不倦。由于成人高校学员分布广、层次差异大、年龄跨度大、职业种类繁多、求学动机各异，所以成人高校教学活动困难重重。如果成人高校教师不加以循循善诱、因材施教，成人学习高深专门知识的难度就会进一步加大。

第四，团结协作。作为教师职业道德规范的"团结协作"是指教师之间互相尊重、互相帮助、团结协作、优势互补，形成强大的合力，共同完成教学任务。在成人高校教师队伍中，既有专职教师，又有兼职教师；既有主讲教师，又有辅导教员；既有高校教师，又有企业科技人员。因此，处理好教师之间的协作关系就显得更重要了。

（三）提高教师队伍的质量

加强普通高校成人高等教育师资队伍建设，仅仅提高教师整体素质是不够的，还要采取一系列有效措施，使教师看到职业前景，获取足够的工作动力。这是稳定成人高等教育教师队伍，实现成人高等教育事业可持续发展的关键问题之一。

1.加强顶层设计，健全成人教育教师专业化发展制度体系

首先，成人高等教育行政部门应在成人教育总体战略目标的基础上，长远规划教师队伍发展趋势，科学把握未来师资供需，制定人才需求计划，建立学科人才库。"向社会或其他高

校、科研院所、企事业单位等公开招聘或者邀请有较高知识层次、有较高专业水平、有一定教学经验和能力的专业人才，储备雄厚的师资力量，壮大教师队伍，优化教师结构。"①其次，地方院校应积极出台相关政策，健全成人教育教师专业化发展制度体系，强化教师专业化理论研究，切实提升教师素质，使教师的自我价值追求与成人教育理念相互融合；积极开展成人教育职业道德、业务技能培训，"使教师充分认识成人教育对提升我国国民整体素质、建设人力资源强国和推动现代化建设的重要作用，树立献身成人教育事业的思想。要熟悉教育对象的特点，掌握成人教育的教学规律，运用成人教育的基本理论、教学技术方法等来处理成人教育的相关问题"②。

2. 实行"双证"上岗制度，敦促教师素质提高

要求成人高校教师关注本学科发展的最前沿，更新、扩展、重组自己的智能结构，在科研开发、教学实践中提高自己掌握、应用新科技、新工艺的能力。成人高校应鼓励教师到生产第一线兼职、任顾问等，要求教师持"双证"上讲台，既有教育理论方向的证书，又有相关职业技术资格证书，这是提高成人高等教育教师素质的有效途径之一。

3. 建立评估体系，完善激励机制

成人高校需建立一套科学合理的教师评估体系，不断健全和完善教师队伍的各种激励机制。

---

① 宣纳新. 关于规范成人教育师资队伍管理之我见 [J]. 科教导刊（上旬刊），2011（21）：104-105.
② 国海英. 高校成人教育教师队伍建设的问题与对策 [J]. 中国成人教育，2015（23）：119-121.

成人高校教学质量评价指标体系包括两个方面：一是专业知识学习质量评价体系；二是教学质量评价体系。学习质量评价主要通过考试和测验成绩、论文和设计质量等进行考核。借助评估体系，能实时地跟踪和管理教师的教学情况，将督导听课意见、学生评教结果等及时反馈给任课教师，促使老师改进教学方法，提高教学质量。同时，要采取奖惩并重的方式完善各种激励机制。对考评不称职的教师要求积极调整和整改，对确实不合格的教师不再聘用。相反，对责任心强、学生反馈良好和教学效果优秀的老师要给予奖励。此外，在科研项目方面，职能部门应积极创造条件，引导教师参与各类成人教学改革和科研活动，如，编写教材、参加教学研讨会等。

　　当前要制定成人教育教师的入职行业标准，明确要求教师从业资格的等级，以及其所应该具备的专业知识、专业背景、专业技能、专业实践等。完善激励机制，逐步提高成人教育教师地位，健全其成长发展机制，开展绩效评价、落实激励措施，完善教学督导组听课评价制度，真实地反映教师的综合工作表现。①

---

①　黄瑞．"互联网+"视域下地方本科院校成人教育教师专业发展研究［J］．吉林省教育学院学报．2019, 35（3）：69-72.

第四章 职业化转型背景下的成人职业教育教学方式变革

随着互联网技术的快速发展，教育变革进入了一个新阶段。"互联网＋教育"环境下，信息技术在教育领域的应用和推广，使得职业教育内容持续更新、教学方式不断变化、教育资源日益丰富、教育质量持续提升。

成人职业教育作为终身教育、学习型社会构建的重要组成部分，在我国技术技能累积和建设人力资源强国中发挥着不可替代的作用。成人学习中存在的自我指导性与职业教育自身具有的特点，如技术性、职业性。2017年，教育部颁布了《关于进一步推进职业教育信息化发展的指导意见》，进一步明确职业教育信息化的重点任务，指出要大力推进信息技术与教育教学深度融合，包括推广远程协作、实时互动、翻转课堂、移动学习等信息化教学模式，为当前多种信息技术进入职业教育及其基于信息技术的教育教学改革指明了方向。

可以说，"互联网＋教育"不仅使成人职业教育领域产生了较大变革，拓展了成人学习的深度、广度与速度，还使成人职业教育出现了多元化的学习样态和教学方式，如，泛在学习、个性化学习、翻转课堂、混合式学习等。

第一节　基于成人学习特点的翻转课堂

翻转课堂能够满足学生需求，也能围绕职业关键能力、落实一体化教学内容，依托智能化学习空间，提供优质的教育服务。同时，它在课前、课中和课后发挥不同教学功能的优势，紧扣成人学习者的需求和特点，且其基于信息技术与教育教学的深度融合，能有效激发学生学习的兴趣，促使学生提升学习效果，对成人职业教育重点和难点问题的突破具有重要的支撑作用。

一、翻转课堂的基本概况

（一）翻转课堂的概念界定

近年来，翻转课堂作为一种先进的教育理念和教学模式受到了教育界尤其是课程教学研究的热议，它对传统意义上的课堂教学具有潜在的颠覆性的影响，为中国各类教育改革提供了一种新的思路。[①] 翻转课堂起源于美国，最早是教师为了帮助和辅导那些有困难的学生掌握所学内容，将课堂教授的内容转变成自制视频，让学生在课外（通常在家里）先行观看，而将有限的课堂时间用于练习、完成作业、进行教学交流与合作互动等。后来，可汗学院、克林顿戴尔高中及加州河畔联合学区等众多教育教学机构成功开展翻转课堂实践，使翻转课堂在世界各地迅速传播开来。

翻转课堂所翻转的是课堂和课下学生的行为，改变了教师课堂教学的方式。它是一种混合的学习方式，使学生能够在课堂上利用信息技术来学习，让教师拥有较多的时间和学生开展交流活动，并非仅仅传授知识，教师成为学生的引导者与引路

---

① 刘军,祝雪珂,郑涛,徐霄冰."双主"式翻转课堂教学模式构建及其应用研究[J].电化教育研究,2015,36(12)：77-83.

人。[①]我国著名学者何克抗先生指出，翻转课堂是一种混合式学习方式，包括课前的在线学习与课堂面授，不仅关注学生的自主学习，还强调教师的启发、帮助和指导作用，遵循"主导—主体相结合"的教育理念，强调教与学活动的"有意义的传递"，即教师主导下的自主探究。这表明，翻转课堂是指在教师的主导下对课堂内外的学习时间进行重新配置，将学习的主动权让渡给学生，教师将担任引导者的角色。[②]也有学者指出，翻转课堂是借助信息技术手段，学生在课前进行个性化的自学（如，利用网上课程资源"微课程"或线下视频、纸质教学资源等），完成知识学习任务，然后课堂上在教师的引导下通过合作探究、练习巩固、反思总结、自主纠错等方式来完成知识的内化。[③]

因此，我们可以这样界定翻转课堂：基于网络与信息技术，学生课前通过视频进行自主学习，完成学习任务；在课堂上，教师和学生间、学生和学生间通过相互交流、合作探究等形式达到知识内化与强化的目的，实现变革教学方式、提高教学的效率。

（二）翻转课堂的基本特征

翻转课堂指借助信息技术和互联网技术，把一些教学资源上传至互联网，让学生在自主学习阶段可以提前下载相关的视频资源，更好地完成自主学习任务，降低课堂教学过程中面临

① 胡跃莹.翻转课堂教学模式在高中英语阅读教学中的应用研究[D].哈尔滨：哈尔滨师范大学,2019.

② 梁慧.基于雨课堂平台的翻转课堂教学研究与实践[D].重庆：重庆师范大学,2019.

③ 钟秉林."翻转课堂"颠覆了什么?[J].中国教育学刊,2016(3)：3.

的压力。它具有以下几个特征。

第一，师生教与学的角色发生翻转。翻转课堂比较重视学生主动地"学"，教师更多的是发挥引领的作用，对学生进行答疑解惑，做学生学习的引路人，从而将教学的中心从教师转向学生。

第二，学生学习过程得以重建。通常来说，学生学习过程大体包括两个部分：一是通过师生之间的交流实现信息转化；二是学生课下自主完成知识的内化与同化。翻转课堂则能很好地解决这一问题，课前学生观看教师提供的教学视频或在线辅导视频，在课堂上，教师则基于学生的提问进行更有针对性地指导，完成"先教而后学"向"先学而后教"的转变。

第三，课堂大部分时间由学生支配。学生通过课前观看教师提供的教学视频等，提前学习并掌握相关学习知识，课堂上主要进行合作探究，大部分时间由学生来支配，教师仅仅帮助并引导解决学生课前遇到的难题。这样极大地延长了师生互动时间，可以在有限的课堂教学时间中提高课堂教学效率。

第四，实现主动学习和教育技术的结合。翻转课堂通过技术的运用改变了学生的学习状态与学习方式，拓展了学生的学习空间，可帮助学生实现深度学习。它使学生实现了个性化学习及信息技术下的混合学习，将在线学习和面对面学习结合了起来。可以说，翻转课堂的实质是从"被动学习"转向"主动学习"，并将主动学习与教育技术结合起来。

（三）关于翻转课堂实践的效果研究

国内外研究者对翻转课堂的效果众说纷纭，多数研究者对翻转课堂持肯定态度，认为翻转课堂能够有效地促进学习效果。

我国自引入翻转课堂后，一批有代表性的学校借此取得了好的教学效果，缪静敏、王琼借大学慕课平台上开设的"翻转课堂教学法"慕课，开展了有关高校教师实施翻转课堂的调查，调查结果显示，翻转课堂教学模式作为激发学生学习动机、优化学生学习体验的有效方式得到了教师的肯定。此外，针对学生的自我管理学习能力、自主学习心理以及自主学习行为等展开研究，刘正喜认为翻转课堂教学模式能够培养学生自主学习能力，能够有效提升学生的自我管理能力，激发学生的自主学习动机和学习行为。[①]另外，杨春梅等研究者都认为翻转课堂可优化学生学习成果，有效提高学生学习成绩。

然而，仍有研究者对翻转课堂持消极态度。国外，美国哈维穆德学院的几位教授对翻转课堂的有效性进行了研究，发现"翻转课堂可能对学生学习没有真正的效果"。有德国学者对高校翻转课堂进行了长期追踪调查，发现教学效果不明显，且出现了学生课堂出勤率下滑等问题。国内钟启泉、倪闽景认为翻转课堂会加重学生的课后负担，并指出在基础教育中，翻转课堂只能作为课堂教学的补充而不是主流，适用于教师备课时借鉴学习，适于转化学习有困难的学生，适于辅导学生，适于学生课后复习，适于补课和异地学习，适于自学。王秋月指出翻转课堂是穿上现代化外衣的接受性学习，在课堂上接受的是老师录制好的微课程，缺少了师生互动，课堂效果令人失望。张金磊认为，翻转课堂所提倡的先学是在线听课，学生几乎不需要自己探究，没有改变接受性学习的实质。翻转课堂对网络信息技术条件具有高度的依赖性，同时对教师信息技术素养有较

---

① 刘正喜，吴千惠. 翻转课堂视角下大学生自主学习能力的培养 [J]. 现代教育技术，2015, 25(11): 67-72.

高的要求等。

综上，从研究领域上看，翻转课堂主要集中在基础教育、高等教育、职业院校，很少有人对成人教育领域进行研究，涉及的学科众多，但很少有翻转课堂的学科适用性相关的研究。为此，本书从成人学生学习特点出发，聚焦成人职业教育中的翻转课堂研究，解决成人高校的实际教学问题。

二、成人学生的学习特点与成人职业教育的特殊性

在成人教育改革发展的大背景下，翻转课堂为解决成人学生工学矛盾提供了一种新的教育思路。成人学生具有一定的知识结构以及自控力，为成人学习翻转课堂的实施提供了一定的实验基础。要想在成人职业教育中更好地体现翻转课堂的价值，探讨翻转课堂能否改善成人学生的学习效果，促进成人教育教学改革创新，提高教学质量，就需要根据成人学生学习特点，为教师更好地开展翻转课堂教学提供参考。

（一）成人学生的学习特点

由于信息技术的发展与普及，成人学生的学习不仅包括追求学历证书式的学习，还包括为完成社会各行各业进修与提高职业岗位能力进行的学习，且其具有自发性、终身学习的性质，同时，网络学习、在线学习、移动终端学习成了成人学生学习的重要手段。

1. 自主性强，着重于发展

随着成人年龄的增长，他们的社会阅历逐渐增多，更加成熟，更为自主与自律，能够先给自己设定学习目标，然后根据

锁定的目标和环境来监控、调节或者控制认知过程、学习动力和学习行为。在这一过程，他们可积累很多社会与职业的经验，有更多的社会积累，对社会的认识更为深入，进而学习更为自主。而且，他们对于自己的学习内容和学习方式认识也更为深刻，学习意向要结合自身的"发展性任务"，更多地根据自身实际工作和生活需要优化调整自己的学习目标和学习内容，以便和"发展着的社会"保持平衡。同时，成人学习时总是想要将自己所学的内容尽快运用到生活和工作中，目的明确，针对性强，且注重实用性。

因此，从事成人职业教育的教师，不再是教学权威，而要成为学生学习活动的组织者、帮助者、咨询者与服务者，在学生自己"诊断学习需要，评价学习成果"的时候提供适切的帮助。

2. 学习过程具有终身性

成人学习指的是成人这一群体所开展的学习活动，它主要聚焦于解决具体问题，同时学习者所学知识和当前自身需求存在着较为紧密的关系，会采用灵活多样的学习方式，多以自身已有的知识背景与工作经验为基础，快速高效地达成学习目标，努力获取较好的学习效果。成人学生具有成人性与职业性的双重社会角色，已经积累了丰富的工作经验和社会阅历，且其学习是个体的终身行为，旨在不断适应社会发展的需求，满足社会发展需要，提高个人和家庭生活质量，完善个体素质结构，从而更符合职业发展要求。

3. 强调学习成果的转化

成人学生学习有一个重要的特点，就是学习成果的转化。

这一转化既包括向外学习相关知识，又涉及向内的转化，即成人学生要把所学的知识和自身已有知识、工作经验等融合起来，并将其转化成创新成果。成人参加学习，有时仅仅是为了体验某一文化，获得某种感受，但更多的是通过学习获得自身工作所需的知识与经验，深刻思考并了解自己从事的工作，更新工作观念，创新工作方式，运用多元的思维方式，汲取他人之长，并将其转化为解决自己工作问题的方法。

鉴于成人学生学习的特点，成人教育在教学内容上一定要具有较强的针对性与实用性，聚焦于具体问题的解决，设计目的性强的教学内容和课程体系；在教学方式上，一定要灵活多元，重视实践教学活动，从而助推成人学生把所学的知识性内容快速转化成问题解决的能力，能够快速、高效地解决实际问题。

（二）成人职业教育特殊性

1. 学生工学矛盾突出

工学矛盾指的是成人学生在工作时间和工作之余遇到的各种冲突与矛盾，主要体现为成人学生很难在维持生存现状和追求进步发展之间寻求一定的平衡，很难在克服自身惰性和追求自我完善中达到平衡，很难在遵守工作纪律与学习纪律中做出选择等。可以说，工作强度与学习强度的增加，使得成人的工作时间相对被延长，劳动强度也不断增加，承受力变弱，进而导致工作效率和学习效率不高。①

---

① 王康华.对成人高等教育"工学矛盾"的思考[J].继续教育研究,2007(1):102-104.

成人职业教育人群存在较大的年龄差距，且各自的专业技能和工作经历存在一定的差异，大多数是在职，这就导致他们存在多元的学习需求，学习时间相对有限。而且，国家在成人教育学制上有一定的限制，时间紧，任务重，出现了工学矛盾突出的情况。同时，成人职业教育的课程设置、教学安排、教学内容、教学方式等特色不明显，很难激发学生的学习兴趣，满足他们对学习的需求。

工学矛盾是社会发展过程中出现的新问题。成人学习是为了增长知识，提高自己的思想认识与能力素质，从而更好地开展相关工作；将获得的知识与技能运用到社会实践中，以解决实际问题，助推实践，进而深化对相关领域知识的认知，提升自身的科学文化素质与实践能力素质。可以说，学习和工作是辩证统一的，在个体提升综合素质过程中存在一致性，二者相互促进，互为补充。

因此，我们就需要在开展成人职业教育过程中深入调查与研究工学矛盾，解决成人职业教育的工学矛盾，创新教学方式，将成人学习和工作实践联系起来，助推成人学习成果向实践更好地转化，益于成人在学习中开展工作，在工作中检验学习成果。

2. 理实一体化教学

理实一体化教学更加重视理论学习和实践操作的同步性，这就让教室有了实践性的特征。在这一教学活动中，教师能够较为灵活地配置教学时间，使得学生能够以主体的身份参与课堂教学活动，获得知识，实现学与练的统一，突出成人职业教育的特点，从而提高学生的动手能力，增强其实际操作能力。

在一体化教学中，不但有理论讲授，还有操作示范，更有操作训练。这就需要教师在课堂上突出学生的主体性，调动学生的学习兴趣，具体表现在：第一，明确教学目标，告诉学生需要掌握哪些知识与技能，达到什么效果；第二，掌握学情，明确学生的学习基础、认知水平、技能熟练程度、学习特点等；第三，确定教学重难点，教学活动如何突出重点、突破难点；第四，合理设计教学活动，可采取项目式学习、情境教学等方法，创设真实或仿真的环境，划分若干学习小组，科学设置教学过程。

实际上很多教师虽然也认为应该将理论和实践结合起来，但是在具体操作过程中，受到各种因素的制约，如，教学软硬件、成人学生学习特点等，还是会将理论和实践教学分离。因此，在构建基于成人学习特点的职业教育教学体系时，要注意转变教师教学理念，提高其教学的水平，并使其乐于实践。

所以，成人职业教育要基于学生学习特点和自身办学的特殊性，从实际出发，借助信息技术为学生提供优质化、多样化、可选择的学习资源和个性化学习空间，加强基础设施建设，加强资源和平台建设，不断优化智能化学习环境。同时，教师也要进一步认识信息技术带来的教育教学方式变革及实际影响，准确把握社会需求和学生特点、准确定位教学目标，整体调控教学内容的呈现方式、实施过程，逐步适应新的教学方式。

三、翻转课堂与成人职业教育的契合性分析

大部分成人学员知识基础相对薄弱，而翻转课堂有助于他们不断增强对新的学习方式的适应能力，灵活运用多种信息技术，增强自主学习的意识和能力。基于对成人学习特点和成人

职业教育特殊性的分析，我们可以发现，翻转课堂和成人职业教育有一定的契合性，主要表现在以下方面。

（一）成人学习特点是翻转课堂实施的主要依据

成人职业教育面对的学生，其职业、年龄各异，学习基础和能力水平参差不齐，学习兴趣与学习动机也不尽相同，但也体现出了明显的共性，如学习动机多样，以自我导向为出发点，学习目标明确，学习内容职业化，学习方式自主化等，这就需要教师为成人学生提供个性化学习机会，灵活安排学生学习时间。另外，影响成人学习的因素较为复杂，其中包括个人、家庭、单位和社会等多方面因素，这对学生学习的个性化、便捷性、有效性等提出了很高的要求。成人学习特点是翻转课堂在成人职业教育中得以推进的主要依据，也是成人职业教育教学改革的基本前提。

（二）翻转课堂促进成人学习的显著优势

微课、微视频是翻转课堂教学资源的重要组成部分，而翻转课堂是微课、微视频功能实现的重要途径。翻转课堂实现了"课堂教学结构"的根本变革，整合学生、教师、教学内容和多种教学媒体，构建结构化的具有开放性、灵活性、交互性与兼容性的支持服务体系，能更好地满足成人学习者自主化与个性化的学习需求。具体而言，翻转课堂促进成人学习的优势体现在下四方面：一是灵活的学习方式很好地解决了成人学习者时间分散、学习地点不固定以及工学矛盾问题；二是学习的内容能有效解决理论与实践脱节的问题，指向学以致用，增强学员的获得感；三是课堂翻转增加了学习者学习的自主性、师生共同体之间的互动性，有利于促进学员融会贯通其所学知识；四是半结构化的教学资源具有较强的兼容性和反复利用性，有利于优质资源共享和实现教育公平。

（三）成人职业院校具有开展翻转课堂的基础

翻转课堂的核心是"先学后教"，它强调以学生的学习为中心、多主体互动，依托信息技术实现及时反馈，以丰富优质资源和快捷学习平台为基础，而这对院校的基础条件提出了较高要求。我国成人教育积累了多年函授教育、夜大教育及网络教育经验，开展翻转课堂具备较好的基础，具体表现在：一是成人学员学习需求差异大的，要求成人职业教育必须提供多样化的、个性化的学习方式，同时成人学员拥有自己的技术设备和一定的技术运用经验，有利于自主学习的开展。二是成人职业教育课程设置和课时安排较为灵活，实用性和实践性强，符合翻转课堂实施的基本要求。三是成人院校早期建设了高效实用的多种学习平台，积累了较为丰富的多媒体资源建设和应用经验，同时较为丰富的视频公开课、精品网络课、微课等优质资源也为翻转课堂实施奠定了基础。

翻转课堂与成人职业教育有较强的契合性。充分利用翻转课堂，不但能有效解决成人职业教育中理论与实践脱节、工学矛盾突出等问题，而且能提高教学效率与质量、优化成人院校智能化教学环境及资源建设。成人职业教育的翻转课堂须围绕关键能力目标定位、行动导向实施过程、优质资源及平台建设等进行一体化设计。实践中，翻转课堂的一体化设计取得较好效果，对成人职业教育教学改进具有重要的推动作用。

四、成人职业教育翻转课堂的整体设计

由于成人学校的学生工学矛盾突出，为了保证翻转课堂的效果，提高理实一体化教学水平，教师就要充分利用翻转课堂的优势，改变学生学习习惯与学习方式，克服工学矛盾，促进自主学习、协作学习、混合学习以及非正式学习的融合，推动移动互联时代成人学习方式的变革。与此同时，教师还要带动成人院校教师智能化教学水平的提升和教学样态的改变，促进学校智能化教学环境的优化。

（一）关键能力引领：翻转课堂的目标定位

成人职业教育的性质和本质特点决定了其必须着力培养学生的关键能力。"关键能力"是从业者综合职业能力的重要组成部分，在从业者的未来发展中发挥着关键作用，具体包括关键通用能力、关键专业能力、关键社会能力和关键职业操守四个方面，是职业技能和职业精神的高度融合。翻转课堂应用于成人职业教育：其一，为学习者课前学习提供主要资源；其二，可应用于课堂教学，优化现场教学效果；其三，还可以应用于课外拓展学习，作为课堂学习的有效补充。翻转课堂让学生在课前自主完成知识学习、情境体验、知识补充和实践准备等，教师全程引导和帮助学生解决问题，实现知识的内化和吸收。为此，翻转课堂要紧扣专业关键能力，呈现多种资源样态，如教学视频、教学设计、素材课件、教学游戏、模拟情境、教学反思、练习测试、评价反馈等；围绕关键能力的具体能力点，课前侧重点自学、专业技能点梳理、实践情景模拟体验以及各种教学案例阅读等，提高学生自主学习的针对性和时效性。

（二）理实一体化：翻转课堂的内容选择

成人职业教育为经济社会发展培养生产、服务、建设、管理一线高素质技能人才，其教学内容需要以经济社会发展要求为基础，参照市场人才需求进行灵活调整。翻转课堂注重对话式的课堂教学，突出师生的在线交流和个性化辅导。适合翻转课堂的成人职业教育教学内容应具有三个特点：一是综合性，即一方面教学内容具有较强的覆盖面，通识课程突出综合素养，专业课程注重回应市场需求，倡导一专多能；另一方面体现理论性与实践性的统一，即理实一体化，促使基础课和专业课走向融合。二是实用性，即所学知识、技能可直接被学员运用在工作中和生活中，并达到良好的实际效果。三是灵活性，即课程内容或模块相对独立，同时可通过讲座、论坛、实习、实践等方式为学员提供个性化服务。要进一步做好学情和市场分析，以关键能力培养为核心，打破原有的学科知识框架，对教学内容进行重构，促成理实一体化的成人职业教育课程体系的建设。

（三）行动过程导向：翻转课堂的呈现方式

基于成人学习特点及学习内容的综合性、实用性、灵活性等特点，相关教学内容多通过项目、任务或过程来整合，以适应工作过程系统化的动态发展。职业教育教学范式已从行为主义的学习理论逐渐演变为建构主义的范式，突出"工作过程""任务引领"和"项目载体"，即行动导向。其基本特征：一是以实践为先导，以任务为单元，激发学生学习动机；二是把个人的、经验的知识明确纳入课程实施中；三是强调学生自己对知识、技能的主动建构；四是鼓励学生自我管理、自我调节，加强自我意识等。为此，成人职业教育多采取案例教学法、模拟教学法、角色扮演法、项目教学法、引导文教学法等。这些方式与翻转课堂具有较强的契合性，是翻转课堂实施的主要形式。翻转课堂注重教学内容的实用性、教学方法的指向性、教学手段的多样性和教学形式的可操作性，同时具有媒体资源丰富、内容更新及时、交流渠道多样、学习方式自主等优势。

（四）优质资源建设：翻转课堂的基本保障

优质、多样、可选择的微课资源、微视频以及方便快捷的平台建设，是翻转课堂的基本保证。翻转课堂首先重在微课、微视频等资源建设，要基于关键能力目标定位、理实一体化项目内容和工作过程导向的实施，注重选题价值、课堂融入和团队合作，努力实现目标定位精准化、内容设计体系化、测试评估综合化、视频制作专题化。其次加强智能化教学环境建设。在翻转课堂中，教师可借助智能化的教学环境，充分了解学生的学习基础与学习特点，对学生课前、课中、课后的学习行为和结果进行详细跟踪与系统分析，有助于学生个性化学习的开展。同时，线上学习与线下学习的翻转结合益于实体资源与虚拟资源、校内资源与校外资源的整合，进而拓展更为广阔的学习空间和发展空间。

（五）一体化设计：翻转课堂的行动路径

围绕学生的关键能力培养，结合成人职业教育理实一体化的学习内容和行动过程导向的教学实施，翻转课堂的一体化设计路径：市场需求及学情调研、关键能力模块集群、可选择性学习目标、多样化项目课程内容、丰富教学资源及平台建设、翻转课堂与传统课堂协同，设计路径如下图4-1所示。

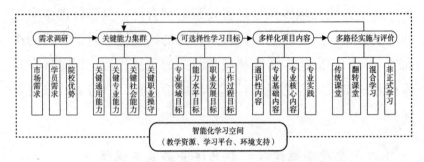

图4-1 翻转课堂的一体化设计路径

第一，做好教学内容的需求调研和学情分析，包括经济社会发展变化和人才市场需求、学员的多样化与个性化学习动机，以及成人院校的优势专业和特色课程分析等；第二，结合行业人才标准、职业标准、岗位标准及院校人才培养标准确定关键能力并形成集群；第三，在专业课程领域、关键能力水平、职业发展进阶和工作过程展开等多个方面形成开放的、可供选择的学习目标；第四，根据多样化学习目标，形成理实一体化的、以项目为载体的学习内容模块；第五，优化智能化教学环境，包括教学平台和基础条件；第六，通过翻转课堂、传统课堂、混合学习以及非正式学习等多种方式结合，逐步实现深度学习和泛在学习。

五、成人职业教育翻转课堂的实践应用

根据成人职业教育翻转课堂的整体设计，按照"摸需求、建微课、多平台、巧翻转、强保障、重实效"的思路，我们在会计、英语、计算机、法学等专业中边研究、边实践、边总

结，为成人职业教育教学改革提供了有益经验和启示，设计流程如图4-2所示。

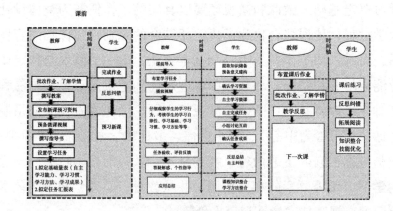

图 4-2　翻转课堂教学设计流程

（一）了解需求

教师应了解某课程在专业设置课程中所处的地位，了解通过此课程的学习学生应达到的学习目标，从而了解学生学习需求，有针对性地开展教学活动。例如，成人职业教育的《中级财务会计》是在《基础会计》之后开设的一门专业主干课程，是会计专业的核心课程之一，具有较强的实务性和应用性。在全面分析《中级财务会计》课程知识点、行业标准和用人单位岗位标准的基础上，要着重就学生对翻转课堂的接受程度，教学设计类型、呈现形式以及所期望的内容侧重点等进行调研，了解学生的需求。

（二）开发微课、微视频资源

通过了解需求环节，教师可了解课程教学目标和学生学习目标，具体包括知识方面和关键能力方面。这时教师就可以有针对性地开发适合教学活动的微课或微视频，为学生进行翻转学习奠定基础。微课和微视频要以真实的工作任务为载体设计教学过程，依据综合化和模块化相结合的原则构建课程内容体系，而每一项工作任务为一个基本模块，每一个模块与特定职业能力培养相结合，那么教师就应以此确定重难点，按难易程度排序，并将其当作微课或微视频主题。微课或微视频的录制遵循"学习者为中心"、短小精悍、多种教学方式综合等原则，教师应重视它的主题内容、视频呈现、教师的教学行为、学生的学习应用等要素的相互作用，并从教育、心理、技术、艺术等角度审视其技术标准和育人价值。

（三）利用平台

教师要根据不同学员平台使用习惯和平台自身特点，发挥教学平台在线讲授、自主学习、小组讨论、在线测试、成果展示、互动评价、学习反思、协作学习、技能实训等功能。为了保证每位学员都能顺利进行翻转课堂学习，教师可选择使用率很高的平台。随着智能手机的不断升级，线上平台把生活情感交流和碎片化的学习资源有机结合在了一起。实施中，教师可建立微信订阅号和微信交流群，在固定推送时间和频率下发布合适的微课资源，及时引导学员参与学习活动，并通过共同学习和互动学习相互促进。

（四）巧妙翻转

围绕"为什么要翻转、翻转什么和怎么翻转"三个核心问题，设计学习任务清单，选择学习支持平台，可形成"面授＋

微课自主学习"模式、"面授 + 微课引导学习"模式、"基于任务的微课实践教学模式"、"基于微课的理实一体化学习模式"等多种教学实践。例如，利用微信平台翻转课堂，先通过微信订阅号观看教学内容，然后再在订阅号中发布任务清单，要求学生以小组协作的方式完成任务清单中的各项学习任务；分配组长和副组长来组织线上线下的学习与讨论，使学生共同完成学习任务；允许在微信群中进行组内或组间讨论，教师在此期间只负责引导思考不负责答疑。面授时教师的教学重心不再是讲解知识点，而是通过查看各项任务完成情况，判断学员对该任务所含知识点的掌握程度，进而对存在的共同问题和个人需求进行详细讲解，翻转课堂具体实施过程如图 4-3 所示。

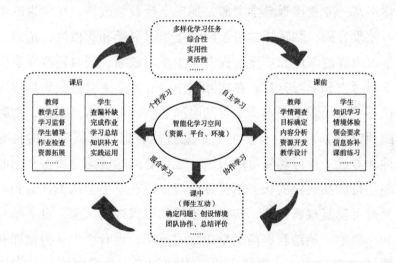

图 4-3　翻转课堂具体实施过程

（五）条件保障

成人高校首先要形成由课程主讲老师、教学设计人员和技术人员组成的课程开发团队，接着由课程主讲教师提供微课选题，教学设计人员对教学设计思路进行把关并提出参考意见，再由技术人员呈现内容和形式，并反馈制作效果。围绕课堂翻转实践，成人高校要形成"研究·实践·创新"团队合作机制，通过协作团队共同体开展一系列培训、研讨、制作、应用、创新、研究和比赛等活动。此外，学校在经费、设备和教师工作量等方面也要给予相应支持。

（六）重视实效

在翻转课堂实施效果上，需突出"以学生的学习和学习实效为中心"，注重学生的实际获得和教师的专业发展，同时积累丰富的专业课程教学资源，促成学校教学改革。在学生的学习效果方面，翻转课堂可激发学生学习兴趣和积极性，拓展了学习内容的深度和广度，提升学生学习成绩，同时还改变学生学习习惯和学习方式。在实际当中，有的学生会感受到学习途径不再只局限于书本，学习的时间和空间可以自己掌握，随时随地都可学习；也有学生觉得通过翻转课堂增强学习的自觉性，养成了预习和复习的习惯，能带着问题进课堂听讲，同时能让自己在放松的状态下持续学习；还有学生会认为在遇到问题时可反复观看微课，实在弄不懂的可以咨询大家，自主学习和小组学习相结合提高了学生学习效率；也有学生认为微课和翻转课堂帮助自己理解了更多专业知识，学习深度比只看课本、听老师讲授要深，特别是学到了书本上没有提到的专业知识、实操知识、学习方法等，让自己知识面更广。

成人职业教育过程中实施翻转课堂，理论上为翻转课堂在成人教育领域的本土化发展提供实践案例；实践层面，则为成人教育教学改革提供新的思路，为成人教育充分利用信息与技术变革教学提供了一种新的方式，从而提高了成人教育教学质量和效果。虽说如此，翻转课堂的教学设计仍需更加精细，课前、课中、课后的实施要遵循一体化设计，整体考虑自主学习、线上测试、师生参与、讨论反馈、作业布置、考试评价等，同时与传统课堂、职业实践等方式有机协调。同时，在翻转课堂中，教师应重视在线和现场的交流及对话，及时抓住在线学习中存在的问题，创造性地设计好课堂探究活动，组织多向度的课堂讨论，引导学生在对话、交流和合作中掌握知识，并在职业实践和生活中运用所学的知识和技能，进一步加强对翻转课堂的教学评估，突出过程性和实践性，线上线下相结合，通过数据和证据诊断学生的学习过程，并及时反馈给学生，增强评价的详细性、及时性、灵活性和持续性。

第二节　基于学习者中心与信息技术的混合式教学

信息技术与教育深度融合成为教育改革领域的新趋势。"互联网＋"促进了传统行业的变革、转型以及融合，实现了"互联网＋教育"的跨界融合。教学模式的改革创新是学校成功转型和构建现代成人职业教育人才培养模式的重要环节，对保证教学质量、实现教育目标至关重要。

一、混合式教学的基本概况

时代的进步和技术的更新，会赋予混合式教学更丰富的内涵和更多样的形式，会使人们对混合式教学视域下成人职业教育教学设计的理解逐步深入。

（一）混合式教学内涵

"混合式教学"的思想于 2001 年提出后，不同的学者在不同的领域对其获取了不同的研究成果和观点。对此，普遍认可的定义是由《混合学习手册》一书的作者——柯蒂斯·邦克（Curtis J. Bonk）教授提出的，"面对面教学和在线学习的结合"，即学生在学习活动中一部分时间在正规的、受监督的场所，如，学校、学习中心等接受教师的现场指导，而在另外的时间进行自主控制学习时间、学习地点、学习路径或学习进度的在线学习。在国内，何克抗教授是我国论述混合式教学较早且获得较高引用率的学者。他提出："混合式教学，就是要把传统学习方式的优势和数字化或网络化学习优势结合起来，要发挥教师引导、启发、监控教学过程中的主导作用，又要充分体现学生作为学习过程主体的主动性、积极性和创造性。只有将二者结合，使二者优势互补，才能获得最佳的学习效果"。祝智庭教授指出，混合式教学指的是在合适的时间借助适当的方式与传播媒介，提供适合学生学习的内容。

由此可知，混合式教学是指集中传统课堂教学和网络教学的优势，体现以学生为主体，教师为主导，适合学生个性化学习需求的教学模式，包括教学理论的混合、教学资源的混合、教学形式的混合、教学内容的混合、教学方法的混合、教学评价的混合等，如表 4-1 所示。

表 4-1 混合式教学的内容分析

项目	混合的内容
学习理论	建构主义、人本主义、行为主义、认知主义……
学习资源	纸质教材、数字化教材、音频、视频、移动端、网络课程、MOOC……
学习环境	配备多媒体设备的教室、校园网、教学硬件设备（如，电脑、手机、iPad）、教学软件设备（如，教学平台、移动应用）……
学习形式	传统课堂讲授、在线学习、小组探究、自主学习、协作学习、任务学习……
评价方式	过程（如，讨论问题积极度、登录学习平台次数、在线学习时长）与结果（如，考试成绩）

混合式教学将传统的面对面教学与在线学习结合起来，统筹安排教学活动，基本可实现"人人皆学、处处能学、时时可学"。在混合式教学实施过程中，各个学校都在重点推进"互联网＋教学"的模式，积极构建网络教学平台、网络教学系统、网络教学资源、网络教学软件、网络教学视频等，鼓励教师探索与创新满足学生需求的教学方式，促进混合式教学质量的提升。

（二）混合式教学的基本特征

混合式教学将以往面对面课堂学习的优势与数字化教学、网络化学习等结合起来，充分发挥教师在具体教学实践中的引导作用和学生的主动性、积极性、创造性。因此，在教育信息化时代，我们要加快转变发展理念，进而促进师生信息素养的提升，促进学生全面发展，促成与教育现代化发展目标相适应的教育信息化体系，充分发挥信息技术对教育的影响作用。鉴于此，学校要重点帮助教师树立先进的教学理念，改变课堂教学手段，提升教学素养，对传统的教学组织形式进行变革。

1. 混合式教学强调教师主导地位和学生的主体地位

在混合式教学模式下，教师不再是知识的简单灌输者，而是学生学习的设计者、帮助者和支持者；学生也不再是被动接受知识的"容器"，而是认知的主体。教学成了在一定的环境中促进学习者主动建构知识意义的过程，教材从传统教材扩展到了多种类型的数字化教材，教学媒体也成了学生自主探究、合作交流的工具。

2. 混合式教学强调教师控制下的远程自主学习

网上学习是远程学习者学习中必不可少的一个环节，但学习者常常面临计划安排不够合理、自我调控能力弱、资源利用率低等系列问题。而混合式教学中，教师将网上学习与面授辅导有机结合。这样在教师的指导和安排下，学生可以利用教学资源进行有计划、有任务、有目的的学习。同时，学生参与一定的面授辅导也可以减少自学的盲目性，提高课堂教学的针对性和实操性。

3. 混合式教学能促进师生互动与生生互动

成人职业教育时空分隔的特征，导致师生、生生互动不足，质量不高。在混合式教学中，教师可以从多种渠道把控学生的学习过程，依据学生学习情况和课程要求及时安排其学习进度与学习内容，并为学生答疑解惑。同时，根据学生的不同特点和接受能力合理布置学习任务，实现生生互动。

混合式教学并非简单混合，且融合了多种学习方法、工具与资源。它具有复杂性与发展性，持续时间比较长，主要是基于学生的最初学习水平，选取合适的教学资源，科学安排教学任务，让学生高效学习。

（三）混合式教学的优势

成人职业教育不仅包括学历教育，还包括与岗位培训相结合的继续教育、各类职业教育培训等，成人教育的对象不仅包括在校的学历生，还包括更多的成人学生。

混合式教学的最大优势就是借助信息网络平台，归纳起来有以下几点：1.满足成人学生碎片化的学习需求，使学习无处不在；2.依据互联网提供的数据和信息资源可以精确了解学生个性化的学习需求，满足成人学生个性化指导的需求；3.互联网提供的知识来源丰富，信息获得速度快，满足信息化学习方式需求；4.根据大数据提供给成人学生适用性的教学内容，满足学生的适应性和实际需求；5.提供线上线下多样化的教育服务供给；6.使学员之间交流与共享的实时性更强等；7.改变人们的认知方式，适应快速发展的社会需求。

二、成人职业教育典型的混合式教学模式

通过访谈和深入课堂观察，我们发现，目前成人职业教育活动中，课程辅导教师在实践中针对课程的特点，根据课程实施方案的要求，基本上都能认真处理好辅导内容与辅导形式之间的关系，能通过面授辅导促进学生利用多种资源进行自主学习。在实践中，采用比较多的混合式教学模式基本是"面授＋资源自主学习混合模式""面授＋资源引导学习混合模式"或"基于任务的实践教学模式"，形成了多元混合教学模式并存和互相促进的格局。

（一）面授 + 资源自主学习混合模式

"面授 + 资源自主学习混合模式"由于比较容易操作，已成为成人职业教育课程实践的主流。一些学校为解决学生学习中的困难，建设了自建资源和学习交流空间，以课程为单位向学生提供优质的学习资源和学习支持服务。一些学校的授课教师会结合面授辅导进程在其建设的"学习驿站"上提供案例分析、小组讨论、作业辅导与讲评等学习资源，开展周推荐、作业辅导、等学习活动，并对学生作业进行评价，另为增强学生对面授课内容的理解和消化，促进师生、生生之间的交流和沟通，大大提升学生的课程考试通过率，该混合模式如图 4-4 所示。

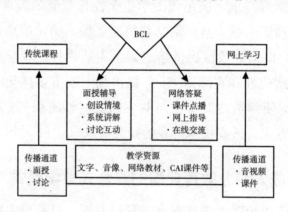

图 4-4　面授 + 资源自主学习混合模式

（二）面授 + 资源引导学习混合模式

"面授 + 资源引导学习混合模式"是在课堂辅导、网上工作室自主学习的基础上，尝试通过手机短信指导、督促学生学习网站相关内容。它调动了学生利用工作间隙进行碎片式学习的积极性，为学生营造了一个随时、随地可以获取学习资源，进行泛在学习的环境。授课教师会根据学科学习特点和面授辅导中的重难点，开展泛在学习试点，进行课堂教学、数字化自主学习和移动学习相结合的混合模式探索，该混合模式如图 4-5 所示。

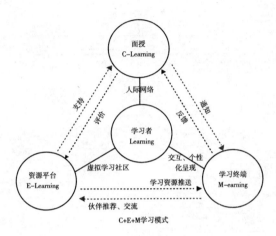

图 4-5　面授 + 资源引导学习混合模式

（三）基于任务的实践教学模式

"基于任务的实践教学模式"主要是在面授课教学环节引导学生亲身体验基于网络环境的实践性和协作式学习活动。学生在学习过程中充分发挥自身主动性，积极参与到学习的整个过程，并在自己设定的学习目标导引下，将"新"的知识与"旧"的知识联系起来，融会贯通，最大限度地满足意义建构学习需求，最终全面系统地掌握知识，具体模式如图 4-6。例如，针对学生计算机实践能力的提升和计算机课程的特点，面授课上的实验内容以流媒体中程序应用举例和部分习题为主，力求每个学生通过亲自上机验证锻炼自身的观察、思考、动手、协作能力，更好地帮助学生吸收消化学到的知识。网上学习平台采取项目驱动学习方式，以项目任务的完成为主导，将知识点融入案例，贯穿以案例带动知识点的学习方式。

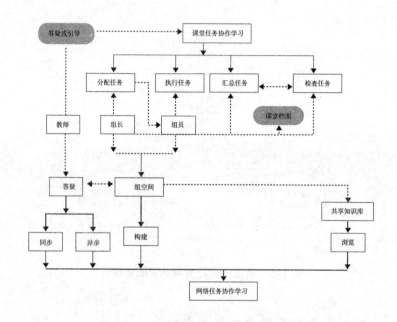

图 4-6　基于任务的实践教学模式

三、混合式教学的技术方法与改革探索

基于成人职业教育特点的教学体系模式改革是本书的研究重点，所以，我们基于边研究、边实践、边产出的思路，结合混合式教学的特点，借助案例研究、行动研究、专家会议和典型试验，针对成人职业教育的特点和需求进行分析，进而构建出了适合成人学习的教育模式，并在实践中进行了检验。

（一）主要技术与方法

一是从多角度、多学科结合成人教育特点，对学习者个体特征、学习媒体资源的多样性、学生认知学习行为特征，师生与生生交互活动、教学模式与教学设计、移动技术应用等方面进行整体分析。

二是案例分析法和行动研究。针对教学模式的复杂性进行案例分析和行动研究可以使研究可操作，益于深入分析。

三是专家引领与团队合作。远程教育专家、实践者（任课教师）、学生及项目研究参与者共同研究，成立"翻转课堂教学模式创新团队"，同时由专业科研人员、专业责任教师、技术支持人员、管理人员组成"实践＋创新＋研究与团队合作""3+1"模式，制定明确的分工机制，并围绕相应主题举办一系列的培训、研讨、制作、应用、创新、研究和比赛活动。在机制上，可引入"项目管理制度"和"小组合作"等工作方式，以有效提升成果质量和效果。

四是典型试验。学校以专业会计、英语、计算机等专业进行典型示范，开展基于微视频翻转课堂教学模式的改革实验，并根据实验效果做相应的改进。

（二）成人混合式教学改革实践探索

成人混合式教学模式由三个环节组成：前端分析、教学组织和教学反馈与评价，混合学习模式设计流程如图 4-7 所示。

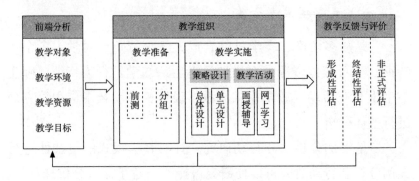

图4-7　混合学习模式设计流程

　　前端分析阶段包括四个方面的工作：1.教学对象：了解获取学习者基本信息、学习动机、学习风格、学习偏好等相关特征；2.教学环境：把握课程教学所具备的外部环境条件，包括商定面授辅导的安排、网上学习的安排、教材及教辅资源、学生上网条件等；3.教学资源：梳理课程各种类型教学资源的建设情况，特别是网络课程、手机移动端的学习路径及架构；4.教学目标：根据教学内容的实际情况确定学习者基于能力分类的学习目标。

　　教学组织包括教学准备和教学实施两个阶段：1.教学准备包括评定学习者的预备知识并进行分组。根据学生前测成绩及基本信息，适当考虑学生意愿，基于组内异质、组间同质的原则对学生进行分组；2.教学实施包括策略设计与教学活动。这个阶段，课程责任教师在明确课程整体学习目标的基础上进行总体教学设计，对相应学习活动的顺序进行安排，确定学习过程中信息沟通的策略，并充分考虑为学习过程提供哪些支持。总体设计环节的核心问题是什么，究竟哪些活动和资源适合学生网上学习，哪些适合典型的教室情境。在总体设计的基础上，教师再详细进行单元学习活动的设计，而单元设计可根据教学组织的具体开展进行相应调整。教学活动中，课程管理教师对现有媒体资源进行梳理和整合，以学生的活动为抓手，突出课程所贯彻的"学一点、会一点、用一点"的理念。接着，其还会对学生特征、需求、基础、学习风格、学习偏好进行研究，指导学习安排，让学生明确学习方法和路径，利用各种社交媒体，让学生进行有支持的自主学习。

　　教学评价包括形成性评价、终结性评价和非正式评价。形成性评价和终结性评价主要通过学习过程评价（如，学生学习行为统计）、课程知识考试（如，期末考试）和学习活动组织情况评定等方式对教学效果进行评价。非正式评价则是通过问卷、访谈等方式了解学生对混合学习模式的感受与体会。

四、混合式教学实施过程

　　基于对开放教育资源应用与教学模式的实证分析及以微课程为载体的混合式教学模式的必要性和可行性分析，我们针对开放教育课程设置和学生特点，构建了一种面授辅导与网上学习有效整合的混合式教学模式，实施过程如图4-8所示。

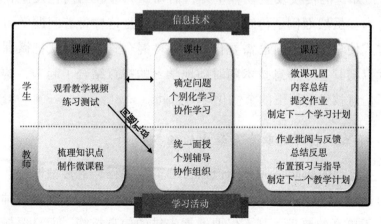

图4-8　混合式教学实施过程

（一）教学和学习过程分析

在这种混合式教学模式中，教学过程包括：在课前梳理知识的难点和重点，并在课前制作微课程，包括微视频、微音频、微课件、微文本等，可以融合图片、动画、文字等多种媒介资源，多方位地激发学生的学习兴趣。课中，教师针对问题较多的知识点进行统一讲解，针对问题少的进行个别辅导，而学生在教师的引导下，参加各种协作学习活动，并对视频上学到的内容加以应用，来解决真实的问题。在课后，教师对学生的作业进行批阅，发现学生存在的问题，并布置预习和新的学习计划。

学习过程包括：在课前借助课本预习，遇到比较难懂的知识点的时候，根据自己的需要选择微课程进行学习，如果还有不明白的知识点，可以在电子书中做记录，然后在课堂上针对自己的问题请教老师，带着问题去学习，并且对于自己不清楚的知识多做一些相关练习，以进行巩固。课后借助老师制作的微课程再对重点、难点进行巩固吸收。

知识的传授发生在教室外，而知识的吸收与内化发生在教室内。虽然颠倒了传统的教学模式，但是这样带着问题学习的方式使学生知道自己需要什么。这种混合式教学模式把微课程优点与其基于信息技术随时随地学习的特点结合了起来，构建了信息技术环境下的个性化学习空间。

（二）教师的职责与学生的任务

教师的职能是选择知识点、编辑微课程、上传微课程、面对面辅导学习者。信息技术环境下个性化学习的实现对教师提出了更高的要求，其不仅要掌握先进的信息技能，而且要懂微课程的设计原则，掌握课堂教学技巧，准确地了解学生存在的问题，针对重难点设计短小精悍的微课程，另外还要能够根据学生的学习效果适时地调整教学课程，教师已经转变成了辅导员、助学者、引导者、帮助者。学生的任务是学习微课程，讨论练习教师留下的针对性习题，学生也由以前的接受者变成了主动学习者、自我导向学习者，在遇到疑难问题时，可以在课堂中随时地向教师与同学求助，从而提高了学习的效率。

在混合式教学模式中，网络学习平台分析系统可实时反馈学生信息，用柱形图、饼状图，折线图等清楚地显现每个学生的学习进度、知识易错点、学习地图等，同时这些数据可以让教师针对错误比较多的知识点制作微课程，然后把微课程上传到平台系统，让学生有选择地学习。这种教学内容是教师为学生量身定制的，为实现个性化教学打下了良好的基础。

五、关于混合式教学的思考

为了更好、有效地实施混合式教学，教师需形成混合式教学课程设计思路：一是依据丰富的教学资源，充分考虑相关度、扩展度和整合度。相关度是指教学资源与教材相关的程度；扩展度是指扩大知识面，增加学习功能；整合度是指将内容综合、加工和处理的水平。二是力求教学程序清晰，结构完整。三是确保教学目标明确，内容实用。在混合式教学课程设计过程中，课程结构、课程表现形式、课程实施、课程评价等方面都得到了调整：1.形成模块化课程结构，将课程原有的结构打乱，基于专业知识、规律、逻辑，依据市场需求与职业岗位对教学内容重新划分；2.课程内容方面将知识与职业技能紧密融合，帮助学生获得职业技能；3.在线课程成为常态，课程实施从课堂扩展到网络；4. 课程评价方面，除了考试评价、过程评价，还采用互动评价，通过师生、企业与学员，资格认证等互相评价，将知识目标转化为职业素养与技能，满足学生适应岗位需求，适应社会需要，实现混合式教学的目的。

（一）搭建混合式网络教学平台

开展混合式教学，不可避免地需要使用网络教学平台。这一平台不但是资源交互的通道，还具备资源重构、不断生成新资源的功能；不仅能够帮助学生进行学习，还能够在学校这个小范围内实现有效的共享教育。因此，学校要引进适合本校学生学习的网络教学平台，且运用与网络教学平台配套的移动端网络教学平台，让学生使用手机或移动设备也能够登录网络教学平台进行学习。多样化的学习方式使学生随时随地都能够进行学习，及时与教师进行沟通。

同时，学校要研究修订专业教学计划和混合教学模式下的面授计划，根据课程特点及教学大纲要求，原则上按照网络和面授 1 : 1（0.8 : 1.2 区间）的比例进行课时分配，并将学生网上学习的完成情况当作课程考核的重要内容之一。教师在制订教学计划时必须按比例设计线上、线下的教学内容，并强化过程互动、即时交流，采用线上阅读资料、分组讨论、提交作业，线下课堂答疑、体验交流等多种教学手段，提高学生自主学习、分析与解决问题的能力。

（二）根据课程特色探索教学策略与示范模式

在混合式教学模式的引领下，学校教师要积极思考，结合学科特色，明确自己在网上教学中的作用，打造具有学科特色的课程。例如，语言类课程方面，教师力求教学资源丰富多样，满足学生需求；充分考虑教学的相关度、整合度和扩展度；教学设计力求程序清晰，结构完整，确保教学目标明确，内容实用。实操类课程方面，教师总结面授课出现的问题，明确列出网上学习要解决的问题，在网上教学中运用导学图策略，将知识点细化，引导学生自主学习。管理类课程方面，在充分分析学情的基础上，教师将知识点单元化，将每个单元的核心概念和应用部分呈现于网上教学中。内容展示时学生增加对知识和理论的感性认识；益于学生对面授课程知识点进行回顾和扩展；有助于教师对学生学习掌握情况进行检测。艺术类课程方面，将知识内容模块化，教师将重点内容制作成微课视频，在视频中亲自展示细节供学生学习；将优秀的艺术作品当作教学资源提供给学生学习；积极与学生互动，将学生提交的优秀作品展示在网上，促进学生相互学习。

（三）通过培训提高教师的信息化能力和信息素养

为了更好地进行混合式教学，提升教师的信息技术应用能力，促进信息技术与教学深度融合，一方面，学校层面聘请混合式教学专业团队，面对全校开展系列混合式教学相关系列培训，包括：1.观念更新。将信息技术与传统面授教学相融合，将成人教育教学的理念深入每一位教师的内心，将混合式教学理念应用于日常教学。2.实习操作。帮助教师掌握网络教学平台的使用方法。3.专业的混合式教学设计。借鉴国内外经验，依据学科与成人学习特点做好混合式教学设计。4.解决混合式教学实施过程中遇到的问题。另一方面，教师层面形成"混合式教学研究学习共同体"，将混合式教学理论不断应用于实践，从教学设计，到方法应用，再到模式创新，促进相互学习，组织交流研讨，增强教师对混合式教学改革的自信心，提高成人教学的效果与质量。

（四）探索与创新"一体化"混合式教学设计

借助网络平台开展混合式教学，在传统教学基础上使用信息技术手段，使信息技术为教学服务，想要有效开展混合式教学，关键在于教学设计。在混合式教学培训过程中，老师需学会进行"一体化"教学设计，"一体化"即面授课程与网上教学必须一起设计。各学校要提倡全面实施线上线下"一体化"混合式教学设计。教学设计实施的第一步是设计课程整体架构，在此基础上学校要研究修订专业教学计划和混合教学模式下的面授计划，充分考虑课程特点及教学大纲要求，使网络教学占到总课时的30%～50%，并将学生网上学习的完成情况当作课程考核的重要内容之一。教师在制定教学计划时必须按比例设计线上、线下的教学内容，并强化过程互动、即时交流，采用线上阅读资料、分组讨论、提交作业，线下课堂答疑、体验交流等多种教学手段，提高学生自主学习、分析与解决问题的能力。

显然，信息技术和教育教学的融合成了目前教育领域改革发展的重要趋势。如何促进信息技术与教育的深度融合，是当下教育教学要面对的问题。混合式教学集传统的课堂教学与网络教学的优势于一体，顺应了信息技术与教育融合这一理念，为教育教学改革提供了新的思路。

参考文献

[1] 余小波. 中国成人高等教育转型研型研究 [M]. 长沙：湖南大学出版社，2010: 5.

[2] 钟启泉. 课程论 [M]. 北京：教育科学出版社，2007：218.

[3] 王北生，姬忠林. 成人教育概论 [M]. 郑州：河南大学出版社，1999.

[4] 沈金荣. 国外成人教育概论 [M]. 上海：上海科技教育出版社，1997.

[5] 郭华. 中国课程论研究四十年 [M]. 北京：人民教育出版社，2020.

[6] 杜以德，何爱霞. 我国成人高等教育办学机构转型与创新研究 [M]. 北京：高等教育出版社，2012.

[7] 查尔斯·M. 赖格卢斯. 教学设计的理论与模型：教学理论的新范式（第2卷）[M]. 裴新宁，正太年，赵健，译. 北京：教育科学出版社，2011.

[8] 巴班斯基，吴文侃. 论教学过程最优化 [M]. 北京：教育科学出版社，1982.

[9]联合国教科文组织总部.教育——财富蕴藏其中[M].北京：教育科学出版社，1996.

[10]王鉴.课堂研究概论[M].北京：人民教育出版社，2007.

[11]赵红亚.我国成人高教教学模式改革探析[D].开封：河南大学，2001.

[12]史文浩.中国成人教育学科体系构建研究[D].保定：河北大学，2019.

[13]余小波.我国成人高等教育转型的研究[D].厦门：厦门大学，2008.

[14]胡跃莹.翻转课堂教学模式在高中英语阅读教学中的应用研究[D].哈尔滨：哈尔滨师范大学，2019.

[15]梁慧.基于雨课堂平台的翻转课堂教学研究与实践[D].重庆：重庆师范大学，2019.

[16]王日芬.文献计量法与内容分析法的综合研究[D].南京：南京理工大学，2007.

[17]谢国东.成人教育——学习型社会的必要条件[N].中国教育报，2004-08-04（006）.

[18]马延霞.我国成人高等教育转型的驱动因素及取向研究[J].中国成人教育，2013（9）：13-15.

[19]皮建华，徐明祥.论成人高等教育课程体系设计的改革与创新[J].成人教育，2011（10）：31-33.

[20]蒋华.十八大报告精神指导下的成人高等教育课程内容改革[J].继续教育，2013（3）：23-25.

[21]肖勇，李才俊.略论成人高等教育课程结构的优化[J].中国成人教育，2005（11）：55-56.

[22]严权.高等职业教育的课程实施[J].教育与职业，2013（3）：

12-13.

[23] 杜友坚.应用型人才培养视角下成人高等教育课程评价体系的思考[J].职教论坛，2013（3）：45-48.

[24] 陈大学，刘洁纯，李旭阳.成人高等教育课程体系存在的问题、成因及对策[J].继续教育研究，2009（9）：135-137.

[25] 夏建如.论成人高等教育课程体系的构建[J].中国成人教育，2008（23）：129-130.

[26] 彭娟，郑锐洪.高等院校职业化教育培养要素及其差异探究[J].河北科技师范学院学报（社会科学版），2012（4）：91-95，104.

[27] 高海英，隋耀伟，刘晓红，等.360°视角下素质教育与职业化教育的解读与思考——长春大学光华学院职业化教育侧记[J].中国市场，2011（52）：211-212.

[28] 余小波.成人高等教育型及转型探略[J].现代大学教育，2011（1）：26-31，112.

[29] 张昭文.对成人教育创新的几点思考[J].中国成人教育，2002（12）：16.

[30] 朱涛.成人教育："一波五折"的历程及启示[J].湖南师范大学教育科学学报，2003（2）：51-55.

[31] 田伟.成人高等教育教学模式探索[J].现代企业教育，2008（12）：218-219.

[32] 钱昆明.关于网络远程教育的思考[J].中国远程教育，2001（12）：10-13，17.

[33] 叶翔鹰，伍秀娟.电大现行远程教学模式评析[J].中国远程教育，2001（12）：18-19，29.

[34] 何爱霞.我国成人高等教育办学机构理念革新论析[J].现代

远距离教育，2013（3）：33-38.

[35] 温梅，温禹. 应用型人才培养视域下成人高等教育课程体系的构建 [J]. 中国成人教育，2016（12）：88-91.

[36] 郭成，高小军. 以职业发展为导向的成人高等教育课程体系构建研究 [J]. 石油教育，2015（3）：63-65.

[37] 王春燕. 我国现代职业教育课程体系的整体构建 [J]. 中国职业技术教育，2017（32）：48-51.

[38] 姜玉莲，金琰. 职业化背景下成人高等教育"1+N"课程体系现状分析与实践探索 [J]. 北京宣武红旗业余大学学报，2015（2）：12-15，24.

[39] 丁虹. 职业化背景下独立设置成人高校"1+N"课程体系构建 [J]. 教育与职业，2016（19）：118-120.

[40] 丁涛，黄春兰，曹基梅. 能力导向的高等职业教育模块化课程设计——以连锁经营管理专业为例 [J]. 高等职业教育（天津职业大学学报），2010（4）：51-53.

[41] 卢文涛，李树德. 高等职业教育模块化课程体系再探讨 [J]. 当代教育论坛（管理研究），2010（8）：120-121.

[42] 曾宪章. 论高等职业教育模块式教学模式的构建 [J]. 教育与职业，2007（21）：100-101.

[43] 童瑶. 高等职业教育模块式教学探究 [J]. 南京广播电视大学学报，2011（4）：35-38.

[44] 李海涛. 模块化教学条件下课程体系的构建 [J]. 四川职业技术学院学报，2007（2）：82-83.

[45] 龚小勇. 就业导向的模块化动态课程体系构建及实施 [J]. 职教论坛，2005（30）：14-17.

[46] 刘立浩. 论普通高校成人高等教育教师队伍的建设 [J]. 成人

教育，2004（7）：32-34.

[47] 张晓青，蒋意春. 浅论成人大学生自主学习与教师角色的转换 [J]. 教育与职业，2006（27）：184-185.

[48] 何全旭. 慕课视野下成人高等教育教师职能的转变 [J]. 中国成人教育，2018（17）：138-141.

[49] 张亿钧. 普通高校成人高等教育教师队伍建设的思考 [J]. 中国高教研究，2005（12）：57-58.

[50] 宣纳新. 关于规范成人教育师资队伍管理之我见 [J]. 科教导刊（上旬刊），2011（21）：104-105.

[51] 国海英. 高校成人教育教师队伍建设的问题与对策 [J]. 中国成人教育，2015（23）：119-121.

[52] 黄瑞. "互联网 +" 视域下地方本科院校成人教育教师专业发展研究 [J]. 吉林省教育学院学报 .2019，35（3）：69-72.

[53] 刘军，祝雪珂，郑涛，等 . "双主" 式翻转课堂教学模式构建及其应用研究 [J]. 电化教育研究，2015（12）：77-83.

[54] 钟秉林. "翻转课堂" 颠覆了什么 ?[J]. 中国教育学刊，2016（3）：3.

[55] 严文法，包雷，李彦花. 国外 "翻转课堂" 教学模式的理论与实践探析 [J]. 电化教育研究，2016（11）：120-128.

[56] 刘正喜，吴千惠. 翻转课堂视角下大学生自主学习能力的培养 [J]. 现代教育技术，2015，25（11）：67-72.

[57] 王康华. 对成人高等教育 "工学矛盾" 的思考 [J]. 继续教育研究，2007（1）：102-104.

[58] 朱文辉. 翻转课堂过度技术化的反思 [J]. 课程·教材·教法，2020，40（6）：59-65.

[59] 赵兴龙. 翻转教学的先进性与局限性 [J]. 中国教育学刊 .2013

（4）：65-68.

[60] 周贤波，雷霞，任国灿.基于微课的翻转课堂在项目课程中的教学模式研究 [J].电化教育研究，2016，37（1）：97-102.

[61] 周序，黄路遥.数字化课程40年发展评析 [J].课程·教材·教法，2018，38（10）：51-58.

[62] 黄荣怀，刘德建，刘晓林，等.互联网促进教育变革的基本格局 [J].中国电化教育，2017（1）：7-16.

[63] 余胜泉，王阿习."互联网＋教育"的变革路径 [J].中国电化教育，2016（10）：1-9.

[64] 关新，朱华勇，伏彩瑞，等."人工智能与未来教育"笔谈（下）[J].华东师范大学学报（教育科学版），2017，35（5）：13-29.

[65] 杨刚，杨文正，陈立.十大"翻转课堂"精彩案例 [J].中小学信息技术教育，2012（3）：11-13.

[66] 余小波.成人高等教育型及转型探略 [J].现代大学教育，2011（1）：26-31，112.

[67] 余锡祥.地方本科院校职业化转型发展与校办企业转型的核心问题 [J].中国职业技术教育，2014（27）：9-13.

[68] 董立平.地方高校转型发展与建设应用技术大学 [J].教育研究，2014，35（8）：67-74.

[69] 金琰.成人高校学历与非学历互促融通的研究——以北京市东城区，职工业余大学为例 [J].当代继续教育，2015，33（4）：44-48.

[70] 孟翔君.经济转型升级背景下成人高等教育人才培养体系的创新实践探索——宁波大学成人高教"学历＋技能"人才

培养模式访谈纪实 [J]. 中国成人教育，2012（13）：5-7.

[71] 马启鹏，汪苑，陈丽珍. 高校成人教育转型的路向选择与机制重构 [J]. 教育发展研究，2014，34（21）：36-43.

[72] 余小波. 我国成人高等教育的困境与转型 [J]. 教育研究，2008（12）：84-87.

[73] 乐传永. 社会转型与高校继续教育冲突 [J]. 教育研究，2012，33（11）：108-110.

[74] 谈传生，余小波，凌云. 成人高等教育转型发展"四维"模式的探索 [J]. 职教论坛，2001（1）：27-29.

[75] 乐传永，马启鹏，卢美芬. 成人高等教育学历技能人才培养体系的研究与实践 [J]. 中国成人教育，2012（4）：8-12.

[76] 崔文杰. 独立设置成人高校职业化转型分析及实践探索——以北京市东城区职业大学为例 [J]. 继续教育，2017，31（1）：57-60.

[77] 中华人民共和国国务院新闻办公室. 国务院关于加快发展现代职业教育的决定 [EB/OL].（2014-06-24）[2020-07-26].

[78] 常永才. 成人学习特点研究的硕果及其学术价值——对诺尔斯自我指导学习理论的评析 [J]. 外国教育研究，2005（11）：78-82.

[79] 吴峰，李杰. "互联网+"时代中国成人学习变革 [J]. 开放教育研究，2015，21（5）：112-120.

[80] 谢贵兰. 慕课、翻转课堂、微课及微视频的五大关系辨析 [J]. 教育科学，2015，31（5）:43-46.

[81] 何克抗. 从"翻转课堂"的本质，看"翻转课堂"在我国的未来发展 [J]. 电化教育研究，2014，35（7）：5-16.

[82] 蒋立兵，万力勇，陈佑清. 面向用户体验的微课设计框架构

建与应用 [J]. 电化教育研究，2017，38（2）：122-128.

[83] 郭广军，刘兰明，龙伟，等. 新形势下我国职业院校学生关键能力定位与培养体系研究 [J]. 中国职业技术教育，2017(5)：22-28.

[84] 吴卓君. 成人教育课程设置亟待改革 [J]. 中国成人教育，2013（7）：112-113.

[85] 徐国庆. 职业教育课程、教学范式的演变 [J]. 河南职技师院学报（职业教育版），2002（6）：62-66.

[86] 隋勇. 翻转课堂理念下的微课设计策略 [J]. 中国成人教育，2017（11）：107-109.

[87] 姜玉莲. 基于微课程构建开放教育翻转课堂教学模式的设计研究——以基层电大课程实践为例 [J]. 中国远程教育，2014（3）：52-60.

[88] 宋亦芳. 上海区域成人高校转型分析及发展探略 [J]. 职业技术教育，2012，33（16）：51-56.

[89] 胡凤英. 论我国成人高教的转型发展 [J]. 盐城师范学院学报（人文社会科学吧），2010，30（4）：117-124

[90] 黄晓玲，崔文杰. 成人职业教育中基于微课的翻转课堂设计与应用 [J] 成人教育研究，2019，39（3）：28-32.

[91] 郭华. 现代课程教学与教学认识论 [J]. 北京大学教育评论，2012，10（3）：157-164，192

[92] 黄显涵，李子健. 审视评价在课程改革中的关键角色：一个被忽视的问题 [J]. 清华大学教育研究，2011，32（5）：56-61.

[93] 王策三. "三维目标" 的教学论探索 [J]. 教育研究与实验，2015（1）：1-11.